ÉTUDES SUR L'ART
DE TOUS LES PAYS ET DE TOUTES LES ÉPOQUES

2

# RECHERCHES SUR L'ICONOGRAPHIE

## DE

# GIOTTO ET DE DUCCIO

PAR

## RAIMOND van MARLE

DOCTEUR DE LA FACULTÉ DES LETTRES DE L'UNIVERSITÉ DE PARIS

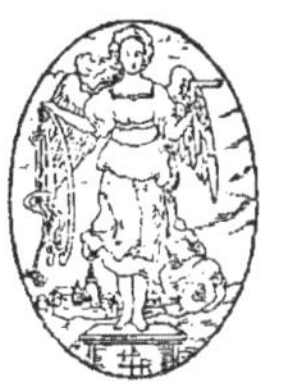

STRASBOURG — 1920 — J. H. ED. HEITZ

**J. H. ED. HEITZ, IMPRIMEUR-ÉDITEUR, STRASBOURG.**

Maison fondée en 1535 à Strasbourg.  Dirigée depuis 201 ans par les Heitz.

# BIBLIOTHECA ROMANICA.

## DIRECTION | ED. SCHNEEGANS, Strasbourg
## PAUL HEITZ, Strasbourg

### LISTE DES COLLABORATEURS:

C. Appel, Breslau
C. Battisti, Vienne
F. Beck, Bamberg
Aug. Becker, Leipsick
A. Coster, Chartres
J. Cuervo, Paris
S. Debenedetti, Turin
F. Dosdat, Rombas
J. Friedolsheim, Strasbourg
Th. Gerold, Strasbourg
G. Gigli, Voghera
H. Gillot, Strasbourg
† G. Grœber, Strasbourg
H. Hauvette, Paris
B. Heller, Budapest
E. Hœpffner, Strasbourg
† F. Holle, Berlin
L. Jordan, Munich
E. Kohler, Strasbourg

M. Lœpelmann, Berlin
F. Luitz, Düsseldorf
C. Michaëlis de Vasconcellos, Porto
P. Nalli, Catania
F. Neri, Siracuse
J. J. Olivier, Venise
C. Orlando, Rome
R. Palmarochi, Florence
A. Paris, Metz
P. Savj-Lopez, Naples
R. Schmidbauer, Augsbourg
Ed. Schneegans, Strasbourg
E. Sicardi, Caserta
L. Sorrento, Catania
G. Tecchio, Spezia
C. This, Strasbourg
H. Vaganay, Lyon
B. Wiese, Halle
W. Wurzbach, Vienne

Paraît depuis 1905. — Le prix de chaque numéro est de 1 fr. 50.
Chaque volume peut être fourni relié en toile rouge et titre doré.
Le prix de la reliure varie de fr. 2.— à fr. 3.—

## Bibliothèque française

Balzac. Eugénie Grandet. — Introduction par H. Gillot. 81/83.
—, Le Cabinet des Antiques. — Intr. par H. Gillot. 96/98.
Beaumarchais. Le Barbier de Séville. — Intr. par G. Grœber. 23 24.
Bernardin de Saint-Pierre, Paul et Virginie. — Intr. par A. Paris. 117/118.
Boileau. Art poétique. — Intr. par E. Hœpffner. 84.
—, Le Lutrin. — Intr. par E. Hœpffner. 101.
Chansons populaires des XVème et XVIème siècles avec leurs mélodies. — Intr. par Th. Gérold. 190/192.
Chateaubriand, Atala. — Intr. par F. Ed. Schneegans. 64/65.
—, René. — Intr. par F. Ed. Schneegans. 161.
Choix de poésies politiques et satiriques du temps de la Fronde. Intr. par M. Lœpelmann. 237/238.
Corneille, Le Cid. — Intr. p. G. Grœber. 3.
—, Horace. — Intr. par C. This. 29.
—, Cinna. — Intr. par C. This. 50.
—, Polyeucte. — Intr. par C. This. 80.
—, Le Menteur. — Intr. par C. This. 92.
Descartes, Discours de la méthode. — Intr. par G. Grœber. 4.
Diderot, Le Paradoxe sur le Comédien. — Le Neveu de Rameau. — Intr. par F. Luitz. 179/182.

Guérin, Maurice de, Journal, Lettres, Poèmes, Fragments. — Intr. par F. Ed. Schneegans. 132 136.
La Bruyère. Caractères. — Intr. par F. Ed. Schneegans. 102 107.
Lamartine. Méditations. — Intr. par F. Ed. Schneegans. 75 77.
La petite Bourgeoize, Poème satirique de l'an 1610. — Intr. par M. Lœpelmann. 205.
Marot, Clément, Psautier Huguenot avec mélodies. — Intr. par Th. Gérold. 252/254.
Molière. Le Misanthrope. — Intr. par G. Grœber. 1.
—, Les Femmes savantes. — Intr. par G. Grœber. 2.
—, L'Avare. — Intr. par C. This. 46.
—, Tartuffe. — Intr. par G. Grœber. 119.
—, L'école des femmes. — La critique de l'école des femmes. — L'impromptu de Versailles. — Remerciement au roi. — Intr. par F. Ed. Schneegans. 225/227.
—, Le Malade imaginaire. — Intr. par F. Dosdat. 228/229.
—, Les Fâcheux. — Intr. par F. Ed. Schneegans. 231.
—, Le Bourgeois gentilhomme. — Intr. par C. This. 249 250.
—, Monsieur de Pourceaugnac. Intr. par F. Ed. Schneegans. 255.
—, L'amour médecin. Intr. par F. Ed. Schneegans. 256.

*v. p. 3.*

# RECHERCHES SUR L'ICONOGRAPHIE

## DE

# GIOTTO ET DE DUCCIO

ÉTUDES SUR L'ART
DE TOUS LES PAYS ET DE TOUTES LES ÉPOQUES

2

# RECHERCHES SUR L'ICONOGRAPHIE

## DE

# GIOTTO ET DE DUCCIO

PAR

RAIMOND van MARLE
DOCTEUR DE LA FACULTÉ DES LETTRES DE L'UNIVERSITÉ DE PARIS

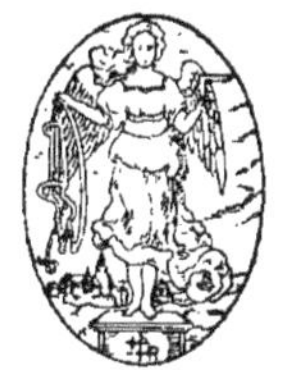

STRASBOURG — 1920 — J. H. ED. HEITZ

# INTRODUCTION.

———

En étudiant en quoi et jusqu'à quel point Giotto et Duccio dépendent de leurs prédécesseurs on n'a pas donné assez d'importance à leur fidélité aux traditions iconographiques et on a en quelque sorte négligé la question, si, abstraction faite de leur éloignement de l'école byzantine en matière technique, ils ont également renouvelé les compositions qui de l'Orient s'étaient introduites en Europe et surtout en Italie. Pourtant la réponse à cette question nous éclairerait considérablement sur l'individualité de leur art ou sur la persistance des types byzantins dans le Trecento et me semble pour cela digne d'une étude approfondie.

M. Weigelt dans son important ouvrage sur Duccio[1] a déjà consacré plusieurs pages à l'iconographie du grand Siennois. M. W. de Grüneisen a également parlé des traits orientaux qu'on peut dégager de ses peintures sans toucher à la question iconographique proprement dite[2] et l'abbé Brousolle a attiré notre attention sur les détails mentionnés par différents textes reproduits par Giotto dans la chapelle de Padoue mais sans entrer dans une discussion à fond des représentations plus anciennes de ces mêmes épisodes[3]. L'étude des sources byzantines nous a été considérablement facilitée par la publication de l'ouvrage volumineux de M. Millet sur l'iconographie des représentations évangéliques à Dapni, Mistra et au Mont Athos[4]; pourtant le savant auteur n'y traite qu'un nombre limité de scènes, tandis que Giotto et Duccio font passer sous nos yeux presque tous

---

[1] C. H. Weigelt. Duccio di Buoninsegna, Studien zur Geschichte der frühsienesischen Tafelmalerei. Leipzig 1911, p. 230.

[2] W. de Grüneisen, Tradizione orientale-bizantina, influssi locali ed ispirazione individuale nel ciclo cristologico della «Maesta» di Duccio, Rassegna d'Arte Senese 1912, p. 15.

[3] J. C. Brousolle. Les fresques de l'Aréna à Padoue. Etude d'iconographie religieuse. Paris 1905.

[4] G. Millet. Recherches sur l'iconographie de l'Evangile au XIV^e, XV^e et XVI^e siècle d'après les monuments de Mistra, de la Macedonie et du Mont Athos, Paris 1904.

les événements, autant de la vie de la Vierge que de celle du Sauveur. Donc tout en nous servant avec reconnaissance de la publication de M. Millet nous ne nous sommes pas limités aux exemples qui y sont donnés, puisqu'en plus des antécédents iconographiques des événements auxquels l'auteur ne touche pas, nous avons essayé de retracer aussi les sources occidentales des compositions des deux grands artistes.

Il est évident qu'il a fallu nous limiter, puisque pour faire la comparaison entre l'œuvre de Duccio et de Giotto, et de tous leurs prédecesseurs, il aurait fallu une étude bien plus considérable que celle que nous voulions consacrer à ce sujet. De plus, notre but n'était pas de savoir si telle ou telle composition de l'un des peintres avait jamais été représentée de la même façon, mais bien plutôt d'établir si la tradition iconographique à laquelle ils appartenaient était purement byzantine, ce qu'ils ont de commun avec les représentations de l'Occident et en quoi leurs compositions sont originales. Pour répondre à ces questions une comparaison avec les monuments déjà publiés nous semblait suffisante. Nous y avons pourtant ajouté une étude minutieuse de toutes les miniatures de scènes évangéliques antérieures au XIV<sup>e</sup> siècle, de la Bibliothèque Nationale de Paris, surtout afin de compléter un peu notre matériel gothique français qui après les représentations byzantines et italiennes est le premier à prendre en considération pour une influence possible sur les produits des deux maîtres.

Dans un travail comme celui-ci il est impossible de présenter tous les arguments qui nous ont mené à attribuer telle œuvre à tel peintre ou à telle époque, cela nous mènerait trop loin, nous supposons donc chez le lecteur la connaissance des monuments les plus importants dont il sera question dans les pages qui suivent. Le contraire nous forcerait à développer encore considérablement cette étude dont la longueur ne s'explique déjà que par l'importance des deux artistes.

Une deuxième partie, contenant les planches, est en préparation.

# TABLE DES MATIÈRES.

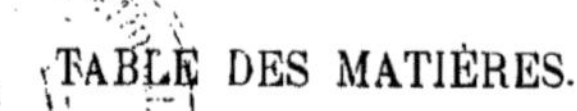

# I.

## LES TEXTES.

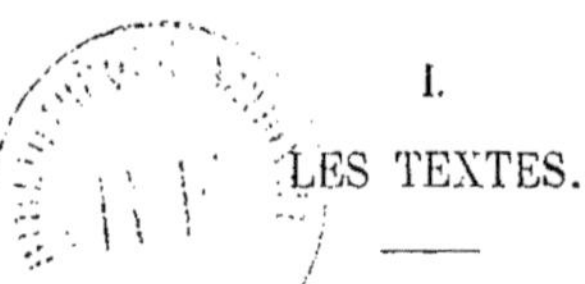

Il semble très peu probable, que les artistes du commencement du
XIVe siècle aient eu recours aux textes pour s'inspirer dans leurs représentations de la vie du Seigneur dont les types étaient déjà bien établis
à ce moment. L'histoire de la Vierge cependant avait été illustrée bien
plus rarement et il n'est pas impossible qu'ici les textes aient fourni quelques détails dans les représentations.

On a souvent cru que les «Méditations sur la vie du Christ» attri-
buées à St. Bonaventure ont eu une influence considérable sur l'iconographie de l'Evangile au Moyen-âge, mais de notre côté nous sommes
arrivés à la conclusion que, si influence il y a, celle-ci est bien faible.
Les particularités par lesquelles les descriptions si pittoresques de l'auteur
des Méditations se séparent des récits évangéliques, se divisent en deux
catégories; 1° celles où Pseudo-Bonaventure coïncide avec des représentations plus anciennes et qui nous feraient croire qu'au lieu que le texte
ait inspiré les imagiers, c'est l'auteur qui décrit des peintures — surtout
des miniatures — antérieures à lui; 2° celles qui pourraient être le pro-
duit de l'imagination de l'auteur, mais qu'on ne retrouve jamais reproduites dans les œuvres d'art, soit antérieures, soit postérieures à son traité.

Pour admettre que des types iconographiques se soient formés sous
l'influence des descriptions du Pseudo-Bonaventure, il faudrait pourtant dé-
couvrir des représentations d'événements qui avant l'existence des «Méditations», avaient des traits caractéristiques qui les séparent de ce texte
et que nous rencontrons, après, conformes à celui-ci. Comme des trans-
formations semblables ne se présentent pas, on serait tenté de croire que
Pseudo-Bonaventure, dont l'œuvre fut si largement répandue, contribuait
plutôt à conserver la tradition iconographique byzantine que de la mo-
difier.

Nous ne voulons pas entrer ici dans une discussion de cette hypothèse à laquelle nous comptons revenir dans une autre étude.

Pour ce qui est de nos deux artistes, on voit que la peinture de Giotto coïncide avec le texte des Méditations dans les points suivants: A l'Annonciation la Vierge aussi bien que l'ange s'agenouillent, Dieu le Père envoie l'Archange; la Nativité a lieu dans une cabane; pendant l'Adoration la Vierge prend l'Enfant sur ses genoux, les adorateurs sont des rois, ils arrivent à la cabane. A la Présentation au temple l'Enfant se trouve sur les bras de Simeon et manifeste le désir de retourner auprès de sa mère. Dans la fresque de la Noce de Cana, le Seigneur est assis au bout de la table, les domestiques s'approchent pour prendre ses ordres; à l'Entrée à Jérusalem, l'âne est conduit par deux simples cordes, l'ânon le suit; l'expression du Christ chassant les marchands du temple est terrible, les marchands ne se défendent pas; Judas continue à manger pendant la Sainte Cène; quand le Seigneur lave les pieds de ses disciples, il se met à genoux, et il se ceint d'une serviette; la Vierge s'évanouit à la Crucification; Ste. Marie-Madeleine s'agenouille quand le Seigneur lui apparaît; à la Pieta elle lui tient les pieds pendant que la Vierge soutient la tête; des nuages blancs cachent le Christ à l'Ascension, deux anges vêtus de blanc y sont présents, des légions d'anges et de saints reçoivent le Sauveur au ciel, mais de ce dernier événement certains éléments s'en trouvent déjà dans la description qu'en donnent les Actes des apôtres.

On pourrait encore trouver des concordances entre Pseudo-Bonaventure et Giotto au Baptême dont le texte dit que «le Seigneur de Majesté se dévêt humblement» et où le peintre le représente tout nu, ou bien dans le fait que les mauvais traitements que le Christ eut à subir de la part des soldats sont énumérés rapidement dans les Méditations et représentés dans une seule fresque par Giotto.

Bien qu'au premier abord ces correspondances puissent sembler nombreuses et assez importantes, nous verrons plus tard que de presque toutes ces particularités nous pourrons citer des représentations plus anciennes de sorte qu'au lieu de croire à une influence du texte sur l'image, nous pouvons admettre une source commune pour les deux qui serait une tradition iconographique plus ancienne.

Duccio montre moins de ressemblances avec Pseudo-Bonaventure, mais cela s'explique aisément, puisque le Siennois peint surtout des scènes de la Passion et que sur cette partie de l'histoire du Sauveur les «Méditations» ne sont pas très explicites et en même temps très fidèles aux Evangiles, comme l'auteur le dit lui-même. Pourtant nous remarquons la tendresse de la rencontre de l'Enfant avec ses parents, quand il fut retrouvé après son enseignement au temple, décrite par le texte et repré-

sentée par le peintre. Comme Giotto, Duccio aussi est d'accord avec les
Méditations, en représentant deux ânes à l'Entrée à Jérusalem en mettant
le Seigneur à genoux et ceint d'une seviette, quand il lave les pieds de
ses disciples, Ste. Marie-Madeleine au pied du Christ, quand celui-ci lui
apparaît. Quelques autres détails sont déjà mentionnés par les Evangiles,
mais Pseudo-Bonaventure les décrit avec de plus amples détails, comme
par exemple le Discours du Sauveur après la Sainte Cène — moment peu
important et rarement représenté, mais auquel l'auteur des Méditations
a donné un chapitre entier et auquel Duccio consacre un de ses panneaux. De même la fuite des apôtres au moment où le Sauveur est
arrêté — sujet rarement mis en évidence — est mentionnée par Pseudo-
Bonaventure et représentée par le Siennois, et souvent l'auteur donne un
détail pittoresque dans les passages qui relatent comme le Sauveur est
trainé devant ses juges dont Duccio n'en omet pas un seul.

Cependant si j'énumère les traits correspondants entre les Médit a-
tions et l'œuvre des deux peintres, ce n'est que pour rendre justice à
ceux qui soutiennent la théorie de l'influence de l'un sur l'autre, parce
qu'un des résultats de mes recherches a été la conviction que le texte et
les peintures ne sont en grande partie que les produits d'une même tradition iconographique.

Quant à la vie de la Vierge, il y a trois sources qui nous en parlent et qui diffèrent quelque peu l'une de l'autre; ce sont les Evangiles
Apocryphes de Jacques et de Pseudo-Mathieu et deux chapitres de la Légende Dorée. L'Apocryphe de Jacques ne doit pas être pris en considération, puisque ce texte ne fut connu en Europe qu'à la fin du XVIe siècle[1]
et si quelque doute pouvait exister sur l'absence de son influence, il suffit d'observer sur quelques points des différences avec les deux autres
pour avoir la certitude que Giotto ne le suivait pas[2].

La Légende Dorée et l'Evangile de Pseudo-Mathieu étaient tous les
deux bien connus au Moyen-âge en Italie[3]. Sur bien des points les deux
textes sont identiques, mais quelques différences font voir que Giotto a
emprunté des détails aux deux, en se montrant cependant plus fidèle à
la Légende Dorée.

---

[1] Hennecke, Neutestamentl. Apocryphen. Tübingen-Leipzig 1904, p. 47.

[2] L'apocryphe de Jacques nous dit p. ex., que Joachim, après avoir été expulsé
du Temple, alla «dans le désert»; d'autres variantes sur les récits de la Légende Dorée
et de Pseudo-Mathieu, se trouvent dans les passages concernant la Présentation de la
Vierge au Temple, son Mariage etc. etc.

[3] Des textes anciens du second ont été trouvés en Italie. v. C. Michel et P. Peters,
Evangiles apocryphes I. Paris 1911, p. XX.

Les faits suivants confirment cette constatation, puisque ce n'est que dans la Légende Dorée qu'on trouve les détails suivants que Giotto a reproduit: quand Joachim est chassé du temple, une autre personne est en train d'y faire des sacrifices[1], le prêtre le repousse de l'autel, il va chez ses bergers (ceci Pseudo-Mathieu le mentionne également). La Vierge étant enfant est menée au temple avec des offrandes, elle monte les marches de l'autel (Giotto n'en donne pas le nombre exact) les prêtres expriment leur admiration. Au mariage de la Madonne, la verge fleurie ainsi que la colombe indiquent St. Joseph comme son mari. Au moment où apparaît l'ange de l'Annonciation la Vierge fait ses prières.

Giotto ne suit pas Pseudo-Mathieu quand il omet de représenter un groupe de personnes qui assistent à la disgrâce de Joachim au temple, et quand il depeint l'Annonciation à Ste. Anne dans une chambre au lieu de la représenter dans un jardin, dans les deux cas l'artiste ne s'écarte non seulement de ce texte, mais également de l'exemple que suivait le peintre du XIIIᵉ siècle d'un panneau au Musée de Pise dont nous parlerons souvent, et qui dans ces deux points est d'accord avec Pseudo-Mathieu. Pourtant Giotto donne des détails dont les Evangiles Apocryphes de Pseudo-Mathieu sont l'unique source littéraire. Ce sont les scènes du sacrifice de Joachim en présence de l'ange dont la Légende Dorée ne parle pas du tout. Aussi le fait que Joachim est endormi quand il reçoit de l'ange l'ordre de rentrer chez lui, qu'à l'élection du mari de la Vierge Joseph semble se cacher derrière les autres et que de l'encens brûle sur l'autel, sont des détails qui correspondent à Pseudo-Mathieu. Devons-nous donc conclure que Giotto s'inspirait de deux textes différents ou suivait simplement des représentations plus anciennes qui descendent de loin des deux traditions littéraires différentes? Cette dernière hypothèse me semble bien plus probable.

Quand aux événements de la fin de la vie de la Vierge représentés par Duccio, — ou, comme le croit M. Weigelt, en grande partie par ses aides —; il ne peut pas y avoir de doute sur la source littéraire puisque la «Légende de l'Assomption», de la Légende Dorée est le seul texte qui entre en considération et qui fournisse d'ailleurs tous les détails représentés par le Siennois.

Ceci établi, nous pouvons commencer l'examen des rapports qui existent entre les représentations des deux grands maîtres et celles de leurs prédécesseurs.

[1] La Légende Dorée dit que Joachim voulait sacrifier avec les autres.

## II.

## DE L'ANNONCIATION A LA PASSION.

———

L'Annonciation. A Padoue nous avons une fresque, représentant l'Annonciation, de la main de Giotto lui-même, et dans l'église inférieure de St. François à Assise une autre de son école; dans les deux cas chacune des figures se trouve sur un côté d'un arc, détail qui correspond en quelque sorte à certains triptyques du XIIIe siècle où la Vierge et l'ange occupent le haut des deux ailes. Que les dèux figures soient agenouillées, est assez rare, surtout à cette époque; on pourrait cependant attribuer cette attitude qu'on ne trouve qu'à Padoue à l'espace limité dont l'artiste disposait; en même temps nous avons ici une des correspondances déjà mentionnée avec Pseudo-Bonaventure. Les rideaux derrière la Madonne et l'ange sont un symbol bien connu dans l'art byzantin pour indiquer le mystère en général et surtout celui de l'Immaculée Conception, mais le livre dans la main de l'Annoncée est plus tôt d'origine occidentale, comme nous le verrons quand nous parlerons de la représentation que Duccio a faite de cet événement.

A l'Annonciation proprement dite Giotto ajoute le Père éternel donnant la mission sacrée à l'archange. En Occident on voit rarement cette partie de la composition prendre une place aussi importante mais parmi les miniatures byzantines qui illustrent les Homélies du moine Jacques[1] plusieurs y sont consacrées. Les Méditations aussi en parlent assez en détail.

Quant à la façon dont Duccio représente l'Annonciation nous la trouvons dans un panneau de son grand retable de Sienne, à présent à la

———

[1] De ces Homélies deux exemplaires nous sont connus, l'un au Vatican et l'autre — probablement une copie — à la Bibliothèque Nationale. Le premier a été entièrement reproduit. (Stornajolo, La Miniature delle Omilie di Giacomo Monaco. Roma 1910.)

National Gallery de Londres, et dans un triptyque au Buckingham Palace, qui lui est également attribué.

Les plus anciennes images byzantines nous montrent fréquemment la Vierge assise, filant, ou prenant de l'eau à une source. On la trouve cependant debout devant son siège dont elle vient de se lever, dans un ivoire de l'antiquité chrétienne de la collection Trivulzio à Milan et dans une fresque capadocienne du 10° siècle[1]. Les sculpteurs d'ivoires byzantins suivaient de suite cet exemple[2] et un siècle plus tard ce type fut déjà introduit en Occident[3]. En Italie nous le trouvons sur les portes en bronze de Pise et de Monréale où les mosaïques le représentent également[4]. Au 13e siècle ce fut surtout ainsi que les artistes italiens représentaient l'Annonciation[5] et les Pisano n'y faisaient pas exception[6].

Pourtant le fait que la Vierge et l'ange sont tous les deux debout, n'est pas la seule particularité qui sépare la peinture de Duccio de la plupart des plus anciennes représentations byzantines et les exemples italiens que nous avons mentionnés montrent encore deux points de différence avec le Siennois, c'est qu'on voit dans presque tous la chaise d'où la Vierge s'est levée tandis que sa main ne tient jamais un livre; chez Duccio au contraire la chaise manque, mais la Madonne tient un volume en main.

C'est l'Apocryphe Pseudo-Mathieu qui nous dit que la Vierge était en train de lire quand l'ange lui apparaît, mais les représentations byzantines qui correspondent avec ce texte sont extrêmement rares[7]. Le type que Duccio suivait, dérive de cette composition puisque la Vierge n'est pas assise et en train de lire mais debout et tenant le livre fermé. De

---

[1] Fresque à Toqale (Millet. Recherches, fig. 26.)

[2] Schlumberger, L'Epopée byzantine, 3 vols. Paris 1898—1906 II, p. 37.

[3] Manuscrit du 11e siècle. Biblioth. Nat. M. S. Lat. 17 325, fol. 7 v⁰.

[4] Paliotto en argent à Citta di Castello du 12e siècle, sculptures aux fonds baptismaux à S. Giovanni à Vérone vers 1200 et du Baptistère de Parme de la fin du 12e siècle.

[5] Mosaïques au Baptistère de Florence; sculptures de Guido da Como à la chaire de S. Bartolomeo Pistoia, ambon sculpté du Dôme de Vérone, triptyque de la Vierge au Musée de Pise, mosaïque de Torriti à Sta. Maria Maggiore de Rome. Le fait qu'on trouve l'Annonciation représentée ainsi sur des breloques prouve que cela fut la façon la plus répendue, v. 'les ornements de pélerins en plomb du 13e siècle au Musée de Berlin n⁰ 1392 provenant de Pise. (Kgl. Museen zu Berlin, Beschreibung der Bilder der Christl. Epoche. 2e édit. Berlin 1911, III, 2. pl. VI.)

[6] Nic. Pisano sur le portail de la Cathédrale de Lucques et la chaire du Baptistère de Pise. Giov. Pisano sur la chaire de S. Andrea Pistoia.

[7] On le rencontre pourtant sur une fresque de la Métropole de Mistra. (Millet, Monuments byzantins de Mistra. Paris 1910, pl. 66.)

ceci, on peut en citer un exemple copte du 13ᵉ siècle[1] mais en France cette manière de représenter l'Annonciation semble avoir fait la règle et on y trouve cette image antérieure de plus d'un siècle à celle de l'Afrique[2]; dans d'autres régions de l'Europe septentrionale cette tradition ne fut pas inconnue[3].

En Italie on trouve quelquefois l'Annonciation représentée de cette manière au 13ᵉ siècle mais cela reste l'exception[4], cependant le polyptyque de Ste. Claire à Trieste de la fin du 13ᵉ siècle donne une Annonciation qui ressemble beaucoup à celle de Duccio. Les premiers exemples du vase avec les lis que le Siennois place entre l'ange et la Madonne sont peut-être byzantin[5] mais au 13ᵉ siècle on le rencontre fréquemment en Italie[6], en France[7], et ailleurs.

Si par le choix du type qu'il voulait suivre Duccio se montrait donc ici plus près des Occidentaux, l'ange marchant à grand pas est un élément purement byzantin et qui semble imité des mosaïques de Kiev ou Vatopedi. L'Annonciation comme la présente Duccio est donc un mélange de détails pris de différentes traditions, mais groupés et utilisés avec tant de sens artistique individuel que nous devons les chercher pour nous apercevoir de leur présence.

La Visitation. De nos deux artistes Giotto seul nous a laissé une

[1] Panneau sculpté du 13ᵉ siècle provenant du Caire au British Museum. (Reproduit dans le Guide to the Christian Antiques of the Brit. Mus., pl. XIII.)

[2] 12ᵉ siècle, sculptures à Poitiers et Moissac, Vitrail de la cathédrale de Chartres. Dans une sculpture de la même église le livre est tombé par terre; 13ᵉ siècle. Miniat. Bibl. Nat. Lat. 10434, fol. 13, sculptures à Villeneuve-l'Archévêque, Mouson, Rheims (ici la main qui tenait le livre a disparu mais la Vierge tient un volume à la scène suivante), fresque dans l'église de Pontigné, vitrail de Bourges.

[3] Miniat. anglaise du 13ᵉ siècle dans le «Peterborough Psalter» (J. van den Gheyn, Le Psautier de Peterborough. Harlem s. d., pl. 8) ici la Vierge lit dans un livre posé sur un pupitre. Dans une miniature allemande du 12ᵉ siècle la Madonne tient un rouleau ouvert. Brit. Mus. (Reprod. from Illum. Mss. III, London 1910, pl. 12), mais une autre du même siècle et du même pays la montre tenant le livre. Bible des Pauvres de Munich. (Broussolle, De la conception Immaculée à l'Annonciation angélique. Paris 1908, p. 285.)

[4] Fresques d'un disciple de Cimabue dans l'église supérieure de St. François à Assise, mais ici le siège de la Madonne est visible. Miniat. italienne d'environ 1300 du Ms. Lat. 8846 de la Bibl. Nat. publié en reproduction (Psautier illustré du XIIIᵉ siècle. Paris s. d.)

[5] Miniat. byzantine de la fin du 9ᵉ siècle du Grégoire de Nazianze de la Bibl. Nat. Ms. Grec 510 (H. Omont, Facsimilés des miniatures des plus anciens Ms. Grecs de la Bibl. Nat. Paris 1902, pl. XX.)

[6] Chandelier sculpté de Gaeta et mosaïque de Cavallini à Sta. Maria in Trastevere à Rome

[7] Au même endroit où le place Duccio on le trouve dans une miniature du Psautier de St. Louis et Blanche de Castille. (H. Martin, Les joyaux de l'Arsenal I. Paris s. d., pl. 22.)

Visitation à Padoue répétée avec quelques variantes par un disciple à Assise.

Plusieurs des plus anciennes représentations ne nous montrent que les deux figures principales, tradition qui persistait aux 12e et 13e siècles, mais dans ce cas l'attitude des deux saintes femmes est souvent plus affectueuse que nous la trouvons dans les scènes plus élaborées. La servante dans le portique de la maison se rencontre déjà au 6e siècle dans la mosaïque de Parenzo, et nous pouvons suivre cette figure pendant le laps de temps qui sépare cette mosaïque de l'époque de Giotto [1]. Mais un élément qui forme une différence entre la peinture du maître florentin et ces images est le fait que la Madonne est accompagnée de deux autres femmes, et à Assise même de quatre; mais la Vierge est déjà vue accompagnée dans la mosaïque qui orne le Baptistère de Florence, ou dans la sculpture sur la chaire de Nicolo Pisano dans la cathédrale de Sienne (1266—68), sur le chandelier de Gaeta la figure derrière la Vierge est un ange.

La Nativité. En représentant la Naissance du Christ, Giotto et Duccio ont suivi deux traditions différentes. Le premier — ainsi que son élève à Assise — place cet événement sous un abri sommaire qui consiste dans un toit supporté par des poutres, la Madonne s'occupe de l'Enfant. Le Siennois au contraire représente la Nativité dans une grotte, la Vierge médite, mais ne regarde pas l'enfant qu'on voit derrière elle dans la crèche, et en même temps sur le premier plan, ayant son bain. Presque tous les éléments de cette composition, ensemble avec les anges visibles au-dessus de la grotte annonçant la nouvelle aux bergers, est tellement commune dans l'art byzantin que nous nous abstiendrons de donner la liste des exemples venus à notre connaissance, il suffit de constater qu'une miniature du «Monologus de. Basil» du Vatican le représente ainsi à la fin du 10e siècle [3]. En Italie ce type fut connu un siècle plus tard et nous le rencontrons sur la porte de la cathédrale de Monréale et le rouleau de l'Exultet au Musée de Pise, des exemples italiens du 13e siècle

[1] Fresque capadocienne du 10e siècle à Toqale. Miniature arménienne de 1057. (Macler, Miniatures arméniennes. Paris 1913, fig. 17.) Ivoire à Salerne, fresque du commencement du 11e siècle à S. Urbano al Cafarello près de Rome, Boîte en ivoire au Louvre (Rohault de Fleury, La Vierge. 2 vols. Paris 1878 I, pl. 18). Triptyque de la Madonne de la fin du 13e siècle à la Pinacothèque de Pérouse. Une miniature byzantine de la fin du 9e siècle du St. Grégoire de Nazianze de la Bibl Nat. (Ms. Grec 510) nous montre le portique mais la servante manque (Omont, op. cit., pl. XX).

[2] Ainsi que dans un ivoire allemand du 12e siècle au Musée de Berlin, Beschreibung der Bildwerke der Christlichen Epochen: Die Elfenbeinwerke. 2e éd. Berlin 1902, pl. 19.

[3] Quelques exemples ont été reproduits par M. Millet. Recherches, fig 41 etc.

sont le panneau d'autel de Margaritone à la National Gallery de Londres, la mosaïque de Cavallini à Ste. Marie en Trastevere et une fresque dans l'église supérieure de St. François à Assise que nous croyons en grande partie de la main de cet artiste.

Plus commune fut encore en Italie la composition de Giotto ou la Vierge manifeste la tendresse maternelle. Le fait que l'endroit où le Seigneur vit le jour était un abri ouvert de tous côtés est plus occidental que byzantin et nous le trouvons déjà sur les sarcophages et les ivoires de l'antiquité chrétienne[1] ainsi que sur des représentations du haut Moyen-âge[2]. Nous voyons déjà le toit appuyé contre le rocher comme dans la fresque de Padoue et sur un panneau de l'école de Cavallini à la Galleria Nazionale à Rome. Du geste que fait la Madonne dans la peinture de Giotto, nous n'en connaissons pas d'exemples antérieures dans l'art byzantin, bien que nous trouvions quelque chose de semblable dans les mosaïques de St. Luc en Phocidie, du Baptistère de Florence et dans une miniature du Tetraévangile de la Bibliothèque de Parme[3]. Son attitude — étendue sur une couche et légèrement tournée — fut connue dans l'art gothique français, comme nous le prouvent les portails des cathédrales de Chartres et de Paris, ainsi qu'une miniature à peu près contemporaine de Giotto[4]; mais en Italie cette attitude est également assez fréquente. Nous la trouvons pour la première fois sur l'autel d'argent du 12e siècle de Citta di Castello, mais elle est répétée sur le chandelier sculpté de Gaëta, la chaire de Barga près de Lucques et celle de Nicolo Pisano à Sienne dont Giotto s'approche le plus mais non sans variantes[5].

L.'Adoration des Mages[6]. Giotto représente l'Adoration comme ayant lieu devant l'abri ou le Christ naquit, son disciple à Assise dans

[1] Garucci, Storia dell Arte Cristiana etc. 6 vols Prato 1881, V, pls. 310. 315, 320 ; 326, 334 2—3, 365, 384, 398 5—7, VI, pls. 447, 454.

[2] Rohault de Fleury, La Vierge I, pls. 21 et 26. W. Vöge, Eine deutsche Malerschule um die Wende des ersten Jahrtausends. Trèves 1891, fig. 25.

[3] Millet, Recherches, fig. 62 et 63. Nous rencontrons un mouvement dans ce sens sur un ivoire syro-égyptien du 7e siècle au Musée de Berlin. (Beschreibung etc. Die Elfenbeinwerke, pl. 7.)

[4] Légende Dorée de la Bibl. Nat. Fr. 183. (Broussolle, Le Christ de la Légende Dorée. Paris s. d., p. 13.)

[5] La Vierge est vue dans une attitude semblable dans un tableau d un élève de Giotto au Metropolitan Museum de New York (O. Sirèn, Giotto and some of his followers. Cambridge-Amérique 1917, II, pl. 60) et dans une miniature d'environ 1300 de la Bibliothèque de la cathédrale de Sienne, seulement ici l'Enfant dans la crèche se trouve de l'autre côté de la Vierge qui par conséquent lui tourne le dos, exemple assez curieux de la façon mécanique dont certains artistes adoptaient des détails de composition d'autres œuvres d'art.

[6] Kehrer, Die hl. drei Könige. Leipzig 1909.

un portique non loin de là, tandis que Duccio la place devant la grotte[1]. Le point de contact entre Giotto et Duccio consiste en ce que les deux artistes nous montrent l'un des Mages agenouillé et les autres debout derrière celui-ci; tous les deux placent les domestiques avec des chameaux dans le coin gauche. Les deux détails sont très anciens, surtout le dernier qu'on rencontre sur des sarcophages[2]. Il existe aussi des exemples des premiers siècles chrétiens de ces même attitudes des Mages[3] et on peut les trouver dans une fresque de Ste. Marie Antique à Rome et les suivre de là jusqu'aux sculptures de Nicolo et Giovanni Pisano qu'ornent les chaires de Sienne, de Pistoia et du Musée de Pise. La dernière combine ce détail avec le groupe dans le coin gauche, comme le fit Giotto, combinaison qu'on rencontre déjà vers 1200 sur un chapiteau à Onfano. Mais il y a un autre point par lequel les sculpteurs pisans correspondent avec le peintre florentin, c'est la présence de St. Joseph et un ange à l'Adoration que nous trouvons sur les chairs mentionnées, à l'exception de celle de Sienne, mais de nouveau sur celle du Baptistère de Pise. La genèse de la présence de l'ange est naturellement formée par les représentations du voyage des Mages où l'ange leur servait de guide comme nous le voyons sur l'ivoire du trône de Ravenne, la miniature du Monologus de Basil II du Vatican, la mosaïque de Daphni et bien d'autres. On le voit sans la figure de St. Joseph dans l'Adoration représentée dans une miniature arménienne de la fin du 10ᵉ siècle[4], ainsi que sur la chaire de Nicolo Pisano à Sienne. La présence de St. Joseph seul est moins compréhensible, mais pourtant plus fréquente dans l'art italien, comme le prouve une miniature gréco italienne de la Bibliothèque Ambrosienne à Milan[5], l'architrave sculptée de S. Andrea à Pistoja, la chaire de S. Leonardo in Arcetri, et la mosaïque de Cavallini[6]. La Vierge et l'Enfant vus dans l'Adoration entre l'ange et St. Joseph apparaît dans une miniature du 9ᵉ siècle dans le Codex de S. Gregoire de Nazianze de la Nationale[7], dans

---

[1] Le polyptyque de Ste. Claire à Triest — de la fin du 13ᵉ siècle — place la Nativité dans une grotte et l'Adoration sous un genre de portique.

[2] Garucci, op, cit. V, pls. 384 2, 5, 7. 385 2, 398 3

[3] Garucci, op. cit. VI, pl. 433 9, fréquent aussi dans des miniatures allemandes du 11ᵉ et 12ᵉ siècle.

[4] Schlumberger, op. cit. II, p. 481. Boite en or repoussé du IXᵉ siècle (H. Grisar, Il Sancta Sanctorum, Roma 1907, fig. 30.)

[5] A. Munoz. L'Art byzantin à l'Exposition de Grottaferrata. Rome 1906, fig. 61.

[6] La sculpture à La Charité-sur-Loire nous donne également St Joseph seul. Rohault, La Vierge I, pl. 38 le montre sur un ivoire du 9ᵉ (?) siècle. Un ivoire allemand du 12ᵉ siècle au Musée de Berlin nous le fait voir également. (Beschreibung etc. der Elfenbeinwerke, pl. 20.)

[7] Omont, op. cit., pl. XXXII.

une miniature du 11ᵉ siècle à Montecassino [1] et dans des sculptures des deux Pisano [2] qui contiennent déjà les éléments des différentes origines que Giotto combinait dans sa fresque.

Dans l'Adoration comme la représente Duccio il manque l'ange et St. Joseph et cet élément de simplicité nous le retrouvons naturellement dans les plus anciennes images, comme par exemple la porte sculptée de la S. Sabine à Rome, et la mosaïque de Ravenne [3], mais les deux figures manquent aussi dans bien des productions italiennes du 13ᵉ siècle comme par exemple dans les mosaïques qui gardaient sans doute le mieux la tradition byzantine. Elles manquent dans celles de Monréale, de Sta. Maria Maggiore de Rome de la main de Torriti, du Baptistère de Florence ou de S. Marc à Venise. Ces deux derniers correspondent aussi quant à l'attitude des Mages avec le panneau de Duccio seulement celui-ci ajoute le groupe formé par leur suite.

La Présentation au Temple. La plupart des compositions byzantines de la Présentation se limitent à cinq figures; la Vierge tenant l'Enfant, suivie de St. Joseph portant deux colombes comme offrande venant de gauche, et de l'autre côté le vieux prêtre Simeon derrière lequel se trouve la prophétesse, tous s'approchant d'un étroit autel qui forme le centre et au-dessus duquel s'élève un ciborium. Dans presque tous c'est la Madonne qui porte l'Enfant Jésus [4] et c'est ainsi que le représente Torriti dans sa Mosaïque de Sta. Maria Maggiore de Rome. L'autel sous le ciborium est un trait caractéristique byzantin que les artistes du Nord ne semblent presque jamais avoir adopté. Que l'Enfant soit dans les bras de sa Mère n'est pas une règle sans exception on le voit quelquefois tenu par elle et par le vieux prêtre simultanément [5], ce qui nous mène à un

[1] Latil, Le Miniature nei Codice Casinesi, tav. IV. Rohault, La Vierge I, pl. 38 reproduit un ivoire du Louvre.

[2] Chaire du Baptistère de Pise, S. Andrea de Pistoia et plus libre au Musée de Pise.

[3] Aussi sur un ivoire du 11ᵉ siècle de l'Italie méridionale dans la collection Martin-Leroy (R. Kœchlin, La collection Martin-Le Roy II, Paris 1906, pl 12. Schlumberger, op. cit. III, p. 776.) et l'autel en argent de Citta di Castello.

[4] Miniature du Monologus de Basil II, Miniature arménienne de 1057 (Macler. op. cit., pl. 19). Miniature de l'Evangile d'Iviron (Diehl. Manuel d'Art byzantin. Paris. 1910, p. 460), Miniature du 11ᵉ siècle du Ms. Grec 74 de la Bibl. Nat (fig. 97 de la reproduction), Pierre gravée à Tolède (Schlumberger, op. cit. I, p. 465), Ivoire du Victoria and Albert-Museum (id. I, p. 617), Fresque de St. Luc in Phocidia (id. III. p. 41), Reliure de St. Marc à Venise (id. I. p. 748), Miniature du 12ᵉ siècle de la Bibliothèque Synodale de Moscou (Rohault de Fleury, La Messe, pl. 106) où manque St. Joseph etc. etc. La forme d'autel se rencontre déjà dans une miniature de la fin du 9ᵉ siècle dans le St. Grégoire de Nazianze de la Bibl. Nat. (Omont, op. cit.. XXXII).

[5] Autel d'or du S. Ambrogio de Milan, ivoire allemand du 11ᵉ siècle au Musée de Berlin. Beschreibung der Elfenbeinwerke, pl. 14. Chandelier sculpté de Gaeta,

autre type où c'est ce dernier qui le porte comme le représente Giotto [1] connu à Byzance [2] et dans l'Orient chrétien [3], aux sculpteurs français [4] et aux miniaturistes allemands du $12^c$ et $13^e$ siècle [5]. En Italie on le rencontre dans les mosaïques du Baptistère de Florence, et à Sta. Maria in Trastevere par Cavallini, les sculptures du $12^e$ siècle au Baptistère de Parme, et celles des deux Pisano [6]. Les sculpteurs avaient ajouté quelques figures aux quatre traditionnelles, exemple suivi par Giotto, ils avaient aussi transformé l'autel, mais quant à cela, Giotto reste fidèle à la tradition byzantine. Cependant il ne répète plus les deux morceaux d'architecture dont les Byzantins encadrent la scène à droite et à gauche, encore conservés par Torriti et Cavallini.

Duccio ne fait pas de variantes, quant au nombre ou à l'ordre des personnages, mais au lieu de placer l'autel sous un ciborium, il montre la Présentation ayant lieu sous une voûte supportée par des colonnes comme avant lui nous le trouvons dans la mosaïque du Baptistère de Florence. Ceci s'approche plutôt de la manière dont l'événement fut représenté dans l'art roman et gothique où cela se passe généralement à l'intérieur d'un temple [7] composition suivie par l'élève de Giotto à Assise.

La Fuite en Egypte. De nos deux peintres c'est Duccio qui est le plus traditionaliste dans sa peinture de la Fuite en Egypte. Il nous montre d'abord l'ange apparaissant à St. Joseph comme le fit le miniaturiste du Monologus de Basil II et le mosaïste de Monreale [8] mais tandis que ces deux nous le représentent étendu sur sa couche, Duccio le peint assis l'ange apparaissant d'en haut et par ce détail il correspond avec Nicolo Pisano [9]. Giovanni a un autre élément en commun avec le Siennois,

Miniature (allemande?) de 1170 d'un Evangéliaire de la cathédrale de Padoue. (Venturi, Storia dell Arte Italiana III, figs. 423 et 461). Porte en bronze de Hildesheim (F. Dibelius, Die Bernwardstüre zu Hildesheim, Straßburg, Heitz, 1907, pl. 8), polyptyque de Ste. Claire à Trieste etc.

[1] Non seulement à Padoue mais aussi sur le panneau de la collection Gardner à Boston qui lui est parfois attribué.

[2] Icone byzantine du $12^c$ siècle au Musée de Berlin (Beschreibung der Bildwerke etc., pl. IV). fresque au Métropole de Mistra (Millet, Monuments de Mistra, pl. 66). Mosaïque de Monréale, Miniature Grégorienne du $11^e$ siècle (Rohault, La Messe, pl. 102).

[3] Miniature Syrienne d'environ 1200 Bibl. Nat (Monuments Piot. vol XIX, pl. 16.)

[4] Tympan du $12^c$ siècle à la cathédrale de Chartres.

[5] Schwarzenski. Die Salzburger Malerei etc. Leipz. 1908—13, fig. 167. Haseloff, Eine Thüringisch-sächsische Malerschule etc. Straßb. 1897, fig. 64.

[6] Chaires du Baptistère et du Musée de Pise et de la cathédrale de Sienne.

[7] Plusieurs exemples reproduits chez Rohault, La Vierge I. pls. 30—31, id. La Messe, pls. 115 et 396. Miniature d'Evangéliaire (probablement allemand) 1170, déjà mentionnée etc.

[8] Un exemple français est fourni par la miniature du $11^e$ siècle du Ms Lat. 12117 de la Bibl. Nat.

[9] Chaires de Sienne et du Musée de Pise.

c'est que pendant le voyage, un jeune homme conduit l'âne, tandis que
St. Joseph vient par derrière, un bâton sur les épaules. Cette disposition
des figures remonte à des temps plus anciens[1]: on la rencontre sur la
mosaïque du Baptistère de Florence qui offre aussi des ressemblances avec
Duccio quant au fond.

Les caractéristiques de la fresque de Giotto consistent en ce que
c'est Joseph accompagné d'un jeune homme qui conduit l'âne par la tête,
tandis que d'autres personnes suivent et des anges survolent le groupe. On
rencontre des compositions semblables, mais moins développées, puisqu'il n'y a qu'une personne derrière l'âne, dans une sculpture du 12ᵉ siècle
de St. Trophim d'Arles et un relief provenant de la cathédrale de Fano,
conservé maintenant à l'archévêché[2]. Dans ce dernier on retrouve aussi
l'ange en haut. Un miniaturiste, contemporain de Giotto, a augmenté le
nombre des suivants jusqu'à trois[3]. Giotto a conservé fidèlement des
exemples plus anciens, l'attitude de St. Joseph qui tourne la tête, regardant
la Vierge et l'Enfant, qu'on rencontre non seulement dans le relief de
Fano, mais aussi dans une fresque du 12ᵉ siècle à Ronzano (Teramo)[4],
sur les fonts baptismaux de S. Zeno à Vérone — bien que St. Joseph porte
ici l'Enfant sur ses épaules — et dans quelques autres représentations[5].

Le disciple de Giotto qui travaillait à Asisse a quelques particularités
qui le séparent du Florentin. Joseph à la tête de l'âne est seul, mais
derrière lui suivent deux personnages dont l'un porte un fardeau sur la
tête, l'autre touche d'une main la monture de la Madonne. La première
de ces deux figures, nous la rencontrons sur la chaire sculptée de
S. Michele à Groppoli, le chandelier de Gaeta un relief du Baptistère de
Parme, la seconde sur la porte de 1214 de la cathédrale de Spalato; ces
sculptures montrent Joseph seul guidant l'âne. Mais la fresque d'Assise
a encore un autre détail d'origine ancienne que Giotto lui-même ne nous
montre pas, c'est la ville où les voyageurs vont arriver et qui figure déjà
dans une miniature du Monologus de Basil II[6].

[1] Fresque du commencement du 11ᵉ siècle à S. Urbano al Cafarello près de Rome,
Ivoires de Salerne et de Bologne (Schlumberger, op. cit. III, p. 13) et du Victoria and
Albert-Museum, et le Grand Triptyque de la fin du 13ᵉ siècle de la Pinacothèque de
Pérouse.

[2] Venturi, op. cit. IV, fig. 275.

[3] Psautier illustré. Bibl. Nat. Ms. Lat. 8846, pl. 5 de la reproduction.

[4] Balzano, L'Arte Abruzzese. Bergamo 1910, p. 46.

[5] Sculpture du commencement du 12ᵉ siècle sur l'architrave de la cathédrale de
Saisance, sculpture Vénitienne du 13ᵉ siècle à Berlin nᵒ 1741 (Beschreibung der Bildwerke etc., p. 23), la chaire sculptée de S. Michele à Groppoli, le chandelier de Gaeta
et la porte de 1214 de Benevento.

[6] Aussi visible sur le relief de Fano, un ivoire du 11ᵉ siècle du Victoria and Albert-Museum (Portefolio of Ivories reproduced etc. by W. Griggs, London s. d. nᵒ 10).

L e  M a s s a c r e  d e s  I n n o c e n t s. Les fonts baptismaux de Vérone
ont déjà un relief du Massacre des Innocents qui a l'aspect d'une mêlée.
Les Pisano ont encore intensifié cette tendance qui fut également suivie par
Giotto qui a encore en commun avec ces sculptures des détails comme la
mère assise tenant un enfant tué sur les genoux [1], figure connue depuis le
12e siècle en France et en Italie [2]. Sur les fresques de Padoue et d'Assise,
Hérode est vu dans la loggia d'une maison à gauche, sans doute une
transformation des trônes sous des dômes sur lesquels on trouve Hérode fréquemment au même endroit dans des représentations byzantines
ou italo-byzantines [3]. Un autre élément de même origine est le tas
d'enfants assassinés, plus discrètement indiqués par les sculpteurs pisans.
Le geste dont un des soldats arrache l'un des enfants par la jambe
aux bras de sa mère vu à Padoue et à Assise est une réplique du
relief de Vérone.

Duccio place Hérode au milieu du fond, ce qui fut contraire aux représentations byzantines, mais en accord avec la sculpture de Giovanni
Pisano au Musée de Pise. Il connaît aussi la mère avec l'enfant as-
sassiné sur les genoux; et reproduit les deux soldats près de Hérode
tenant la lance et le bouclier d'origine assez ancienne [4] et également placés
là par Giovanni Pisano. Les deux conseillers qu'accompagnent Hérode
se rencontrent dans les miniatures du Grégoire de Nazianze de la Bibliothèque Nationale [5] et du Codex Syrien de la Bibliothèque Laurentienne de
Florence (N° 56), mais il nous semble que Duccio fut le premier à les
montrer assis à côté de leur chef.

L e  V o y a g e  à  J é r u s a l e m. La scène représentée par le disciple
de Giotto dans l'église inférieure de St. François et qui nous montre
St. Joseph menant l'Enfant par la main, suivi de la Madonne et de trois
autres femmes, ne nous semble pas être le retour d'Egypte, comme on
l'appelle généralement, mais plutôt le voyage à Jérusalem ce qui cor-

[1] Chaires de Sienne, de Pistoia et du Musée de Pise.

[2] Fresque de St. Jacques des Guerets, chandelier de Gaeta.

[3] Bibl. Nat. Ms. Grec 74 (pl. 7 de la reproduction), fresque de la Metropole de Mistra (Millet, Monuments de Mistra, pl. 66), mosaïque de Monreale, portes de Pise et de
Monreale, polyptyque de Ste. Claire de Trieste. La Mosaïque du Baptistère de Florence
le place par exception à droite. On le trouve déjà à gauche sur le relief d'un sarcophage (Garucci V, pl. 334), une fresque du 12e siècle de l'église de Poncé et dans une
miniature Ottonienne (Vöge, op. cit., fig 10).

[4] Comme par exemple sur des ivoires du VIe siècle (Rohault, La Messe, pl. 367
Garucci VI, pl. 454), des Miniatures du Monologue de Basil II, dans le Ms. Grec 74
de la Bibl. Nat., la Mosaïque de Monreale, une miniature de l'Evangéliaire d'Otton II
à Munich etc.

[5] Omont, op. cit., pl. XXXII.

14

respond d'ailleurs avec l'aspect de Jésus, puisque ce voyage avait lieu, quand le Seigneur attint 12 ans. Il est rare de trouver ce moment dans l'art figuré, cependant il a été représenté un peu plus tard dans des monuments byzantins d'une façon qui ressemble beaucoup à la fresque d'Assise. Aussi la place que cette peinture occupe dans la série — c'est-à-dire juste avant le Seigneur à l'âge de douze ans enseignant au Temple — rend probable l'opinion qu'il s'agisse de ce voyage.

Jésus à l'âge de douze ans enseignant au Temple. Il existe une différence psychologique entre les manières de Giotto et de Duccio de nous montrer cet événement; le premier fait de l'enseignement de l'Enfant le fait principal de cette scène et Jésus ne remarque pas ses parents qui entrent discrètement de gauche; le groupe de prêtres qui écoutent est important — surtout dans la fresque de l'élève d'Assise — et remplit tout le premier plan. Duccio, au contraire, nous fait voir la Vierge et St. Joseph dans un coin laissé spécialement ouvert à leur intention, et par leurs gestes ils deviennent les figures qu'on remarque les premières. L'Enfant semble interrompre son discours et regarde ses parents ce qui fait que dans le panneau de Duccio c'est la rencontre qui est l'événement principal.

La miniature du 9ᵉ siècle du St. Grégoire de Nazianze de Paris [1] évite le choix en faisant deux scènes, l'une de l'enseignement et l'autre de la rencontre; et le peintre des fresques de Brontochion fit de même [2]. Parmi les représentations qui combinent les deux éléments, la plupart correspondent avec Giotto, comme par exemple la miniature byzantine du 11ᵉ siècle du Ms. Grec 74 de la Bibliothèque Nationale [3], un ivoire du même siècle au Victoria and Albert Museum [4], la mosaïque de Monréale — où l'architecture aussi ressemble beaucoup à celle de la fresque de Padoue — le grand triptyque de la fin du 13ᵉ siècle de la Pinacothèque de Pérouse, le polyptyque de Ste. Claire à Trieste etc. Dans toutes ces œuvres les lignes principales sont les mêmes: le Seigneur est assis sur un siège entre deux rangs de prêtres de chaque côté pendant que les parents s'approchent [5]. Duccio ne se sépare pas entièrement de cette tradition mais il montre avant tout la joie des parents — surtout de la Mère, — au moment où

---

[1] Omont, op. cit., fig, 74.

[2] Millet, Monuments de Mistra. pl. 98.

[3] pl. 98 de la reproduction.

[4] Griggs, Portefolio of Ivories nᵒ 10.

[5] Les représentations de l'Europe du Nord sont souvent assez différentes. Une miniature allemande du 12ᵉ siècle ne montre même pas les parents (Swarzenski, op. cit, fig. 163), le chandelier de Gaeta la Mère seulement.

ils rencontrent leur fils, ce qui coïncide avec la description qu'en donne Pseudo-Bonaventuro.

Le Baptême du Christ[1]. Il est assez étrange que Duccio ait omis le Baptême du Seigneur dans sa longue série de panneaux; quant à Giotto, il se montre assez fidèle à la tradition byzantine. Nous rencontrons dans sa fresque le cour d'eau bordé de rives escarpées, le type et l'attitude de St. Jean; la présence des anges tenant les vêtements du Sauveur, et les rochers encadrant la scène de droite et de gauche, qui nous sont connus par un grand nombre de représentations orientales; aussi l'attitude gesticulante du Christ avec un bras légèrement levé peut être suivie dès le 11e siècle dans l'art byzantin et italien [2]. Il est cependant rare de rencontrer le nombre des quatre anges et surtout de deux spectateurs que Giotto réunit ici, mais ce nombre varie assez souvent [3]. Les miniatures du Monologus de Basil II, et du Tetraévangile du Vatican (Urb. 2) et le chandelier de Gaeta montrent deux spectateurs et trois anges, un nombre plus considérable de figures assiste dans la miniature du 11e siècle du Ms. Grec 74 de la Bibliothèque Nationale et — autant que les restes nous permettent d'en juger — dans la mosaïque de Daphni. Donc sans pouvoir indiquer exactement l'exemple que Giotto a suivi, il ne semble pas que dans sa composition il y ait des motifs vraiment nouveaux.

Le Christ tenté par Satan. De la Tentation du Sauveur, je ne connais pas d'exemples se rapprochant de près du panneau de Duccio, à l'exception d'une miniature d'un Italien contemporain qui continuait l'illustration d'un psautier commencée par un Français du 13e siècle [4]. L'originalité de Duccio est ici particulièrement importante, puisque la scène en question a été à juste titre considérée comme celle où Duccio manifeste le plus d'avoir subi une influence gothique qui se fait ici jour surtout dans la figure de Satan. Pourtant il est exagéré de prétendre que dans l'art byzantin Satan était toujours représenté sous une forme humaine: une miniature du Ms. Grec 74 de la Bibliothèque Nationale [5] nous prouve

[1] J. Strzygowski. Ikonographie der Taufe Christi. München 1885.

[2] Millet, Recherches, fig. 140—144.

[3] On rencontre 3 anges assistants au baptême sur des icones byzantines du Musée de Berlin nᵒ 1853 et 1854 (Beschreibung der Bildwerke etc., pls. IV et V), la Mosaïque de Monréale. sculpture d'environ 1200 au portail de la Vierge du Baptistère de Parme, fresque d'environ 1260 au même Baptistère de façon qu'on pourrait croire qu'on avait une certaine tendance à reproduire ce nombre d'anges cependant d'ordinaire on n'en voit que deux. Au Baptistère de Parme une autre fresque à peu près de la même date nous en montre sept, dont deux volent au-dessus des autres figures.

[4] Psautier du 13e siècle de la Bibl. Nat., pl. 99 de la reproduction.

[5] Pl. 9 de la reproduction. Le Grégoire de Nazianze du 9e siècle et le rouleau d'Exultet du Musée de Pise du 12e siècle. contiennent des images de satan sous forme humaine.

16

le contraire, bien que l'aspect y soit tellement différent de celui que Duccio
nous fait voir que ce n'est certainement pas de là que le Siennois a pris
son exemple. Satan est représenté d'une façon diabolique par des prédécesseurs de Duccio en Italie, comme ceux qui ont fait les portes de Pise,
et de Monréale, l'architrave de Plaisance, le chandelier sculpté de Gaeta,
ou le grand triptyque de Pérouse. Seulement le caractère fantastique du
diable est d'origine septentrionale et répendu en France, en Angleterre et
en Allemagne aux 12e et 13e siècles [1].

Un vitrail de Chartres nous donne par la présence de 2 anges encore
un autre élément qui le rapproche de Duccio. Une miniature du Peterborough-Psalter [2] nous montre le Seigneur au sommet de l'architecture
d'une ville, détail que nous retrouvons modifié chez notre peintre. Enfin
le polyptyque de St. Claire à Trieste en donnant ces deux caractéristiques,
bien qu'en deux tableaux différents, s'achemine vers la composition de
Duccio, tout en en restant encore assez éloigné [3].

Le Christ appelle les apôtres Simon et André. L'appel
des premiers apôtres nous donne un exemple assez caractéristique de la
fidélité de Duccio aux types plus anciens. Le Siennois n'a presque rien
changé aux compositions des mosaïques de Ravenne, de l'ivoire du 11e
siècle de Salerne et de la sculpture du chandelier de Gaeta. Une miniature du S. Grégoire de Nazianze du 9e siècle et la porte sculptée de
Benevento donnent exactement la même image, mais en sens contraire.
Un prédécesseur siennois de Duccio montrait le type suivi par notre peintre
dans le dossale de St. Pierre de la Galerie de Sienne.

Les Noces de Cana. L'art des premiers siècles chrétiens nous
montre des représentations très sommaires du miracle de Cana; on n'y
voit que le Sauveur près des réceptacles et quelquefois les serviteurs qui
les remplissent. En dehors des sculptures des sarcophages, nous rencontrons ce type iconographique dans la mosaïque de Ravenne, une miniature du Codex Syrien de Florence et encore au 11e siècle dans une miniature de la Bibliothèque de Boulogne-sur-Mer. Mais déjà au 9e siècle
un ivoire nous montre le festin [4], ici il n'y a pourtant rien encore qui an-
nonce les compositions de Duccio ou de Giotto dont nous trouvons des
éléments dans une miniature du Ms. Grec 74 de la Bibliothèque Nationale,

[1] Sculpture du 12e siècle à Chartres, Psautier de St. Louis et Blanche de Castille
pl. 26 de la reproduction, miniature d'environ 1200 à la Bibl. Nat. Nouv. Acq. Lat.
1392, reliquaire d'Aix-la-Chapelle, miniature du Peterborough-Psalter, pls. 15, 16 et 17.
[2] pl. 16 de la reproduction.
[3] Quelques miniatures Ottoniennes ressemblent au panneau de Duccio, v. Vöge,
op. cit., p. 46.
[4] Rohault de Fleury, La Messe, vol. IV, p. 44.

l'ivoire de Salerne et d'une façon plus précise un siècle plus tard dans
la mosaïque de Monréale, où le Seigneur est déjà placé dans le coin
gauche de la table et où les vases se trouvent à droite. La sculpture de
la porte de la Cathédrale de Spalato de 1214 et une fresque d'un disciple
de Cimabue dans l'église supérieure de St. François à Assise se rapprochent
encore davantage de nos deux peintres en donnant une forme carrée à
la table au lieu du demi cercle. Ils correspondent avec Giotto quant à la
place qu'occupe le Christ mais leur point de contact avec Duccio est
que les domestiques versant le vin se trouvent devant la table[1].

Le Christ et la Samaritaine. Le type sommaire des premiers
monuments chrétiens de la rencontre du Sauveur et la Samaritaine près
du puit s'est maintenu pendant longtemps et fut continué jusqu'au 13e
siècle, bien qu'à partir du 9e une autre image plus développée commençât
à se faire jour. Sur les sarcophages la scène se limitait à la figure du
Seigneur assis près du puits d'où la Samaritaine tire de l'eau à l'aide
d'un levier. La mosaïque de Ravenne, les miniatures du Codex Syrien
de Florence, du Psautier Barberini, et du Ms. Grec 74 de la Bibliothèque
Nationale, la mosaïque de Monréale et la porte sculptée de 1214 de la
Cathédrale de Spalato répètent tous ce même type où manque toute indica-
tion du voisinage d'une ville. Ce dernier élément qui est très important dans
le panneau de Duccio est déjà visible dans une miniature du S. Grégoire
de Nazianze du 9e siècle de la Bibliothèque Nationale où l'attitude du
Seigneur ressemble également à celle que lui donne notre peintre. Le
miniaturiste qui illustrait le Codex Egberti de Trèves et le mosaïste de
St. Marc de Venise ajoutèrent à cette ressemblance encore celle avec la
figure de la Samaritaine s'approchant avec son vase à eau. Une pyxide
en ivoire du 6e siècle à Lavante-Chilhac (Hte Loire)[2] est le premier monument venu à notre connaissance où il y a un disciple derrière le Christ,
dans la mosaïque de Venise il y en a plusieurs, et dans une miniature
byzantine du 13e siècle[3] ils forment un petit groupe, mais non pas venant
de la ville, comme l'indique l'Evangile que suivait Duccio. Une fresque
de la Métropole de Mistra[4] place un des disciples dans la porte de la
ville et trois derrière le Christ tandis que le chandelier sculpté de Gaeta
donne la ville dans le fond, deux disciples derrière le Christ et deux
femmes suivant la Samaritaine. Ainsi nous acheminons lentement vers
la représentation qu'en donnait le grand maître siennois, sans pourtant
pouvoir nous en approcher davantage.

[1] Comme sur le chandelier sculpté de Gaeta.
[2] Rohault, La Messe, pl. 367.
[3] Bibl. Nat. Ms. Grec 54.
[4] Millet, Monuments de Mistra, pl. 71 2.

18

La Résurrection de Lazare. Comme nous ne poussons pas
nos recherches plus loin que jusqu'à Byzance, nous ne répéterons pas
les arguments de M. Millet qui démontre que le type suivi par Giotto
quand il dépeignit la Résurrection de Lazare peut être retracé jusqu'au
fresques capadociennes. Des figures importantes de la peinture du Florentin sont bien connues dans les images byzantines[1] comme l'homme
tenant le bout de la bande qui est roulée autour du corps, l'autre se pin-
çant le nez — figures très connues dans les représentations de l'événement
avant la Renaissance — et les deux hommes enlevant la pierre tombale.
Dans la miniature du Codex Rossanus on rencontre déjà les deux figures
de disciples le plus rapprochées du Christ, l'homme qui se couvre le nez
de son manteau et les deux sœurs prosternées aux pieds du Sauveur au
lieu de les représenter agenouillées comme nous le rencontrons plus souvent
dans l'art byzantin et chez l'élève de Giotto qui aidait le maître à décorer
la chapelle de la Madeleine dans l'église inférieure de St. François. C'est
de Byzance que semble aussi venir la tendance que montre la fresque
de Giotto de diviser les figures en deux groupes, l'un suivant le Christ,
l'autre près de Lazare, division très claire dans la mosaïque de la chapelle Palatine de Palerme et le polyptyque de Ste. Claire à Trieste. Duccio
est bien plus libre dans son groupement où il n'y a pas trace d'une division ; il omet les hommes portant la pierre tombale et celui tenant le
bout des bandes. Des deux sœurs, une seulement est agenouillée aux
pieds du Christ, l'autre debout; elles sont souvent représentées sur des
niveaux différents dans des miniatures byzantines[2], dans le polyptyque de
Trieste, plus prononcé encore dans la fresque de S. Angelo in Formis,
mais des attitudes aussi différentes comme nous les montre Duccio nous
n'en connaissons que deux exemples, ce sont l'ivoire provenant d'Amalfi,
actuellement au British Museum[3] et une fresque à Reichenau[4]. Un détail byzantin est encore l'attitude du Christ qui semble en mouvement.

[1] v. les exemples donnés par M. Millet, Recherches, figs. 203 etc. et les fresques
de la Metropole et du Peribleptos a Mistra. Millet, Monuments de Mistra, pls 66 et
118, le panneau du 13ᵉ siècle de la Madeleine à l'Accademia de Florence donne ces éléments simplifiés.

[2] Millet, Recherches, figs. 207—9, 211—14 et mosaïque de la chapelle Palatine.

[3] Dalton, Catalogue of Ivory-carvings of the christian Era. London 1909, pl. 12.
Schlumberger, op. cit. III, p. 621. Bertaux, L'Art dans l'Italie méridionale. Paris 1904,
fig. 179. Aussi Gori, Tesaurus. Veterum Diptycorum, 3 vols. Florentiae 1759 III. pl.
13. Peut-être cela se retrouve-t-il sur un ivoire du 8ᵉ siècle dans la Bibliothèque de
Brescia. Rohault, La Messe, pl. 486, où il n'y a qu'une des sœurs prosternées, il se pourrait qu'une des autres figures debout représente l'autre.

[4] A. Marignan, Les fresques des églises de Reichenau etc. Strasbourg, Heitz, 1914,
p. 58.

19

La Guérison de l'aveugle. Les antécédents de la peinture de Duccio de la Guérison de l'aveugle montrent une division assez nette entre le groupe de la haute antiquité chrétienne et celui des Byzantins qui n'ont rien de commun. Les représentations appartenant au second groupe montrent presque sans exceptions[1] l'aveugle s'appuyant sur un bâton et le Seigneur suivi de plusieurs personnages. On y trouve toujours simultanément deux moments différents de ce miracle, d'abord le Christ accomplissant l'acte, et ensuite l'aveugle guéri qui se lave les yeux comme le Sauveur le lui ordonne. Souvent on a cru pour cela que ces scènes étaient les images de la Guérison des deux aveugles, autre miracle du Christ, mais plus rarement représenté. Pourtant on le trouve dans les mosaïques de Ravenne et dans une miniature du 9e siècle du S. Grégoire de Nazianze de Paris, et comme cette dernière source nous montre également la Guérison de l'aveugle de naissance ceci nous permet de faire une comparaison. L'illustration de ce dernier miracle est certainement beaucoup plus près du panneau de Duccio, non seulement par les attitudes de l'aveugle vu deux fois, mais aussi par celle du Seigneur. Les deux moments différents du même événement réunis d'une façon semblable dans une scène, se rencontrent également dans une autre miniature byzantine du 9e siècle de la Bibliothèque Nationale[2], une mosaïque de S. Marc à Venise, une miniature du rouleau d'Exultet du 12e siècle au musée de Pise et la fresque de la Metropole de Mistra; dans toutes ces représentations on voit d'abord l'aveugle se tournant vers la gauche où le Seigneur lui touche les yeux, puis en sens contraire se lavant les yeux[3].

Un ivoire carolingien du British Museum[4] nous offre un point de contact différent: nous y retrouvons la porte de la ville que Duccio place dans le fond de son tableau et le groupe de disciples suivant le Seigneur, mais qui à part cela ne ressemble pas à la peinture siennoise.

De nouveau nous n'avons pas pu indiquer le modèle exact suivi par Duccio, mais le fait que tous les éléments en étaient connus depuis longtemps rend probable que ce type existait. Il serait difficile de dire si Duccio a voulu représenter la Guérison des deux aveugles ou celle d'un seul. S'il est vrai d'une part qu'il ne donne que rarement deux instants

[1] Un ivoire du Vatican suit la composition des sarcophages.
[2] Ms. Grec 923, fol. 211 v⁰.
[3] Peut-être aussi dans la mosaïque perdue de Jean VII (705—7). (W. de Grüneisen Ste. Marie Antique. Rome 1911, pl. 66.) Dans la mosaïque de Monréale le dernier moment est vu d'une façon différente.
[4] Dalton, Catalogue nº 46, pl. 24.

20

d'un récit dans le même tableau, il est par contre indéniable que sa composition s'approche surtout de celles qui dans des siècles passés représentaient la Guérison de l'aveugle de naissance.

La Navicella. De la mosaïque changée par des restaurations qui dans le portique de St. Pierre de Rome représente St. Pierre se jettant à la mer pour aller au Christ, nous en avons plusieurs dessins anciens qui en donnent l'aspect original[1]. Bien qu'en sens inverse les points de contact avec la miniature grecque du Grégoire de Nazianze de Paris[2] et de la mosaïque de Monréale sont clairs. St. Pierre semble agenouillé devant le Seigneur qui le tient par la main dans la mosaïque de Giotto, tandis que dans les autres figurations il l'a saisi par l'avant-bras. Dans les trois œuvres d'art on voit les autres disciples agités et gesticulant dans le petit bateau qui par son mât et sa voile montre encore une ressemblance spéciale entre l'œuvre de Giotto et la mosaïque de Monréale. L'ivoire de Salerne représente cet événement d'une toute autre manière.

La Transfiguration. Les œuvres qui représentent la Transfiguration du Christ n'offrent que des différences très peu importantes et on peut classer le type iconographique de cet événement parmi ceux qui furent le moins sujets aux changements. Généralement on n'y trouve que les figures essentielles: en haut le Christ entre Moïse et Elie, en bas les trois disciples éblouis par la grande lumière[3]. L'unique variante de quelque importance se rencontre dans les attitudes de ces trois figures. Vers la fin du 9e siècle le miniaturiste du St. Grégoire de Nazianze de la Bibliothèque Nationale en place un debout mais généralement un ou deux se trouvent prosternés[4]. Duccio nous en montre deux agenouillés suivant par ce détail les mosaïques de la chapelle Palatine, de Monréale, et une mosaïque byzantine du Louvre du 11e ou 12e siècle. A Sienne un des prédécesseurs immédiat de Duccio le répétait sur un panneau de la Galerie (n° 8) mais où le disciple au centre est vu dans une attitude différente. A part ces menues variantes le type byzantin fut intégralement suivi par notre artiste.

Ste. Marie Madeleine oint les pieds du Christ. Une tradition assez rigoureusement observée par les artistes byzantins et italiens réglait leur manière de montrer la Madeleine aux pieds du Sauveur: le Christ est vu au bout gauche de la table autour de laquelle d'autres con-

---

[1] v. Bollettino d'Arte 1911, p. 178—181. Venturi, op. cit. V, fig. 242.

[2] Omont. op. cit., pl. 36.

[3] Une miniature grecque du 13e siècle à la Bibl. Nat. — Ms. Grec 54 — place le Christ plutôt à droite.

[4] Un nombre considérable d'exemples sont reproduits chez Millet, Recherches, fig. 181 etc.

vives sont réunis, la sainte est prosternée devant lui[1]. Le codex de St.
Grégoire de Nazianze contient une miniature dont la disposition est ainsi
conçue, nous la retrouvons dans la mosaïque de Monréale, les fresques
de S. Angelo in Formis, dans la crypte de St. Côme et Damien de Rome
et sur le panneau du 13ᶜ siècle de la Madeleine à l'Académie de Florence[2]. Le seul changement fait par Giotto dans la fresque de la chapelle de la Madeleine à Assise est l'addition de deux domestiques qui
servent les personnages réunis autour de la table.

[1] Font exception deux miniatures du Ms. Grec 74 de la Bibl. Nat. (pls. 42 et 84
de la reproduction) où la Madeleine est vue debout.

[2] Les monuments français montrent souvent le Seigneur assis derrière la table
entre les convives et Ste. Marie Madeleine prosternée devant lui. On le trouve ainsi
dans des miniatures du 12ᶜ siècle Bibl. Nat. Mss. Lat. 833, fol. 203 et 11700, fol. 52
et une sculpture romane à St. Pons. (Michel, Histoire de l'art I, p. 630.)

# III.

## LA PASSION.

———

L'Entrée à Jérusalem. Les éléments principaux de la composition
de l'Entrée du Seigneur à Jérusalem comme, le Christ sur un âne s'approchant de gauche, suivi de ses disciples, le peuple de la ville venant par
la porte à sa rencontre, quelques-uns étalant leurs vêtements par terre
devant lui, et des garçons grimpant dans les arbres pour mieux voir, nous
sont connus depuis une miniature du Codex Rossanus, et apparaissent avec
une grande régularité depuis ce moment, comme nous pouvons l'observer
d'après les illustrations que M. Millet donne de cette scène[1]. Mais Giotto
et Duccio s'écartent de la représentation byzantine par plusieurs détails
parmi lesquels l'absence de montagnes dans le fond, le Christ assis à califourchon sur sa monture, au lieu d'avoir les deux jambes du même
côté, et la présence de l'ânon suivant l'âne. Sur tous ces points les prédécesseurs immédiats des deux peintres étaient pour la plupart encore
fidèles aux traditions byzantines[2].

L'attitude du Christ et l'ânon semblent être des détails d'origine occidentale. La position du Sauveur se rencontre sur les sarcophages, on le
voit dans un ivoire carolingien du Victoria and Albert-Museum[3], dans
l'autel d'or du 10e siècle d'Aix-la-Chapelle[4], une miniature du commencement du 11e siècle du livre des Péricopes de l'Empereur Henri II[5] et

---

[1] Millet, Recherches, fig. 235 etc.

[2] Les montagnes dans le fond manquent dans les fresques de S. Urbano al Cafarello et S. Angelo in Formis, elles réapparaissent pourtant au 13e siècle dans un panneau du polyptyque de Trieste. le tableau no 8 de la Galerie de Sienne et une miniature de la Bibliothèque de la cathédrale de Sienne d'environ 1300.

[3] Grigg's, Portefolio of Ivories no 6.

[4] Rohault, La Messe, pl. 87.

[5] Hiebert, Die Miniaturen des frühen Mittelalters, Munich 1912, p. 129. Vöge, op.
cit., p. 216.

dans des miniatures françaises du 12e et 13e siècles [1]. Quant à l'ânon, on le rencontre dans le même livre des Péricopes et dans des miniatures et sculptures françaises des 12e et 13e siècles [2]. Les artistes italo-byzantins savaient qu'il ne devait pas être omis; une miniature du Tetra-évangile à Florence [3] et une mosaïque de Monréale montrent comment des disciples amenaient un âne et un ânon au Sauveur [4], mais ils suppriment ce dernier à l'Entrée à Jérusalem.

Il semble donc que Giotto et Duccio aient introduit ici des détails occidentaux dans des scènes qui dans leurs lignes générales ressemblent à la composition byzantine. Un petit trait prouvera cependant que Duccio avait eu des exemples byzantins sous les yeux, c'est que au premier plan de son panneau on voit un mur bas avec une porte près duquel se trouve un arbre. Ces détails semblent avoir été inconnus à d'autres artistes mais nous les retrouvons dans le triptyque de la collection Spitzer [5] d'un aspect absolument semblable. Il semble donc certain que cette particularité de la composition de Duccio a eu son origine en Byzance.

Le Seigneur chasse les Marchands du Temple. Le Sauveur expulsant les marchands de la maison de son Père est un événement qui ne fut en grande faveur ni chez les Byzantins ni chez les artistes de l'Europe au moyen-âge sauf les miniaturistes Ottoniens dans les œuvres desquels cela apparaît assez fréquemment. La peinture qu'en fit Giotto rappelle assez la miniature du Codex Rossanus qui représente aussi le temple avec les arcs comme fond pour toute la scène et les figures qui suivent le Christ ce qui est différent dans la miniature byzantine du 11e siècle du Ms. Grec 74 de la Bibliothèque Nationale. La mosaïque de Monréale montre une ressemblance avec Giotto dans l'attitude du Christ et un des marchands qui lève les mains. Cette mosaïque, ainsi que le Codex Rossanus, nous montrent la cage avec les oiseaux [6] et le bélier que nous retrouvons dans la fresque de Padoue à peu près de la même manière.

La Cène. M. Millet constate que la tradition iconographique byzan-

---

[1] Bibl. Nat. Ms. Lat. 12054 (franç. 12e siècle); Nouv. Ac. Lat. 1392 (commenc. 13e siècle). Psautier de St. Louis et Blanche, pl. 27 de la reproduction, vitrail de Bourges. Au 11e et 12e siècle nous trouvons en Occident aussi le Seigneur sur l'âne avec les deux jambes du même côté. Bibl. Nat. Lat. 17325, 2688 et 9438.

[2] Bibl. Nat. Ms. Lat. 9438 et Nouv. Ac. Lat. 1392, sculpture du St. Trophim d'Arles où l'attitude du Christ est différente.

[3] Laurentienne VI, 23.

[4] Le même fut représenté dans une miniature de l'Evangéliare de Henri II à Munich.

[5] Millet, Recherches, fig. 243.

[6] Le Temple comme fond et les cages avec les oiseaux, nous les voyons également dans une miniature Ottonienne (Vöge, op. cit., fig. 5).

zantine se sépare de celle de l'art chrétien d'origine plus orientale encore
dans la représentation de la Cène par l'attitude de Judas, qui dans les
représentations appartenant à la première est vu mettant la main dans
le plat, et qui semble gesticuler dans celles de la seconde. Giotto appartient
à la tradition byzantine, Duccio à l'autre [1]. Mais il y a encore une deuxième différence assez importante à constater, c'est que le Florentin place
le Christ à un coin de la table, et le Siennois le montre au milieu faisant
face au spectateur. Ils se séparent tous les deux des images byzantines
et orientales en donnant une forme rectangulaire à la table au lieu du
sigma qui persistait en Italie, jusqu'à la fin du 13e siècle [2]. Mais dans des
œuvres d'art occidentales on rencontre la table rectangulaire déjà au 10[e]
siècle et on pourrait en citer beaucoup d'exemples français, anglais et
allemands des siècles antérieurs à Duccio. Au fait c'est dans ce dernier
pays seulement que nous trouvons aussi des représentations de la Cène avec
des tables en forme d'un demi cercle. En Italie, la table rectangulaire se
rencontre à partir du commencement du 11e siècle [3]. Les Méditations
qui parlent d'une table carrée mentionnent aussi que la place du Sauveur
était à l'angle, mais ceci est un détail qu'on rencontre dans presque toutes
les représentations qui donnent la table rectangulaire. Ce n'est d'ailleurs
qu'une continuation du type plus ancien où le Sauveur occupe le coin de
la table en forme de sigma [4].

Duccio suivait une autre tradition en plaçant le Sauveur au centre
de la table, et bien qu'on en trouve un exemple très ancien dans une
miniature syrienne [5] cela fut surtout fréquent dans l'art de l'Europe centrale et septentrionale dont plusieurs monuments ont encore un autre
point de contact avec Duccio; c'est qu'ils montrent Judas dans l'acte de
prendre le pain de la main du Sauveur [6]; détail connu en Italie depuis le

---

[1] Des exemples des deux traditions sont donnés par M. Millet, Recherches, fig
286 etc.

[2] Portail sculpté de Terlizzi (Bertaux, op. cit., fig. 376). Mosaïque du Baptistère
de Florence.

[3] Fresque de S. Urbano al Cafarello, petite scène sur un Crucifix du 12e siècle au
Musée de Pise, le même sur un Crucifix du 13e siècle au même musée, fresque du 13[e]
siècle à S. Maria ad Cryptas et un autre de 1263 à S. Pellegrino Bonimaco (Bertaux,
op. cit., figs. 115 et 111), fresque d'à peu près la même date à l'église de S Bevi-
gnate près de Pérouse, ambons des Dômes de Volterra et de Modène (Rohault, La Messe,
pls. 209 et 206), porte de 1214 à Spalato, fresque byzantine du 13e siècle de la Brontochion de Mistra (Millet, Monuments de Mistra, pl. 103).

[4] Comme on le trouve déjà dans la mosaïque de Ravenne.

[5] Millet, Recherches, fig. 300.

[6] Miniature française du 12e siècle (Bibl. Nat. Lat. 12054), id. du 13e siècle (Bibl.
Nat. Nouv. Ac. Lat. 1392), Psautier de St. Louis et de Blanche (pl. 88 de la reproduction), miniature anglaise du 12e siècle (British Museum Reproductions III, pl. 17), id.

12e siècle [1]. Il est vrai que le Siennois ne fait qu'indiquer ce geste, probablement parce que pour nous le mettre sous les yeux il faudrait faire tendre au Christ le bras à travers la table ce qui nécessiterait une attitude peu estéthique. Je crois que la liberté que Duccio se permet ici est un exemple assez typique pour nous faire comprendre pour quelles raisons il s'écarte des traditions consacrées; son motif semble souvent être d'un ordre artistique.

Les vieilles compositions qui plaçaient tous les convives du côté de la table qui était formée par le demi cercle, furent suivies en Occident après qu'on y eut adopté la forme carrée, puisqu'on groupait alors le Sauveur et les douze fidèles d'un côté, laissant Judas seul au premier plan; mais en Italie on ne retrouve ceci que rarement au 13e siècle [2].

De la composition de Giotto et de Duccio qui plaçaient le Christ et les disciples autour de la table, un premier exemple semble en être donné par une vieille miniature syrienne où la table est ronde. Le triptyque du 13e siècle d'Alba Fucense — maintenant au Palais de Venise à Rome — montre le même groupement autour d'un sigma. Le cercle est presque formé dans une miniature italienne d'environ 1300 de la Bibliothèque Nationale [3] où Judas met une main dans le plat, autre ressemblance avec Giotto qui cependant complète ce détail en harmonie avec l'Evangile en représentant le Christ faisant de même, geste très rarement vu dans l'art du Moyen-âge [4].

Le Lavement des Pieds. Dans l'art byzantin nous pouvons distinguer deux types principaux dont l'un nous montre le Seigneur à l'angle gauche de la composition pendant que tous les disciples sont assis l'un près de l'autre sur un banc, l'autre — plus rare — où le Sauveur est vu au milieu de ses disciples qui l'entourent de tous les côtés [5]. Duccio suit le premier exemple, Giotto le second mais à part de cette différence

du 13e siècle (id. pl. 14), id. id. Peterborough Psalter (pl. 18 de la reproduction), porte (allemande) du 11e siècle de S. Zeno Vérone, miniature allemande du 12e siècle (Swarzenski, op. cit., fig. 372 etc.).

[1] Petite scène sur un Crucifix du 12e siècle au Musée de Pise, Ambon sculpté de Modène.

[2] Un exemple nous en est donné dans le triptyque de Ste. Claire à Trieste.

[3] Psautier du 13e siècle de la Bibl. Nat. (pl. 86 de la reproduction).

[4] Le panneau 983 de l'«Alte Pinakothek» de Munich, que M. Berenson attribue à Giotto mais dont je crois qu'il n'est que de son école, donne la même disposition.

[5] Millet, Recherches, fig. 296 etc. donne surtout des illustrations pour la première disposition, la seconde se trouve dans une miniature du Codex Rossanus, la mosaïque de St. Luc en Phocide (Schlumberger, op. cit. I, p. 121) et probablement dans celui de Daphni. Des exemples italiens sont fournis par les fresques de S. Angelo in Formis et par un ivoire de l'Italie méridionale (Graeven, Frühchristliche und Mittelalterliche Elfenbeinwerke etc. in Italien, Rome 1900, no 7 et Schlumberger, op. cit. III, pl. 159).

il y en a encore une autre qui au prime abord peut sembler sans importance mais qui résulte, elle aussi, de l'existence de deux traditions ; l'une —
celle que suit Giotto — nous montre le Sauveur qui tient la jambe de St.
Pierre[1], l'autre à laquelle appartient Duccio, où le Christ soutient le pied
de cet apôtre[2]. Dans les deux cas le Seigneur gesticule de l'autre main.

Les deux apôtres qui dans la fresque de Padoue se tiennent derrière
le Christ se trouvent déjà dans la mosaïque de Monréale[3], le geste très
fréquemment répété de St. Pierre qui indique sa tête[4] on le rencontre
déjà dans une mosaïque de Chios, mais si ces détails sont d'origine
byzantine il y a un autre dans les représentations de nos deux artistes
qui est certainement occidental et qui consiste à placer le Sauveur sur
un genou[5]. En Italie nous trouvons une tendance assez prononcée vers
cette attitude dans une des petites scènes qui entourent un crucifix de
la fin du 12e siècle (Offices 3) et dans le diptyque d'un élève de Cavallini
à Munich (n° 979—80)[6].

Le Discours du Seigneur après la Cène. Duccio prenant
soin de ne pas omettre un moment de la Passion — soin par lequel il
s'approche, des miniaturistes byzantins — nous montre le discours que
le Sauveur prononça, d'après St. Luc et surtout selon St. Jean, dans la
même pièce où le dernier repas avait eu lieu. Des représentations de
ce moment sont rares, mais nous le rencontrons dans une miniature du
11e siècle du Ms. Grec 74 de la Bibliothèque Nationale et une broderie anglaise d'environ 1300 au British Museum sans qu'on puisse dire qu'il y
a une ressemblance entre ces représentations.

Le Pacte de Judas. Giotto et Duccio donnent tous les deux
la scène, assez rare, qui est la conspiration de Judas avec les prêtres

[1] Des précédents se trouvent dans une miniature syrienne du 12e ou 13e siècle (Millet.
Recherches, figs. 314—15), Ivoires de Salerne du 11e siècle et de Bologne, Porte de Benevento, petite scène sur un crucifix de la fin du 12e siècle, Offices n° 3 (maintenant à
l'Accademia).

[2] A cette tradition appatiennent un ivoire du 6e siècle à la cathédrale de Milan,
(Garucci, op. cit. VI, pl. 450). Diptyque de l'école de Cavallini à Munich (979—80) (Millet, Recherches, fig. 321). Quelques miniatures arméniennes, la mosaïque de Venise et
le polyptyque de Trieste nous montrent la main du Sauveur couverte d'une serviette.

[3] Le chandelier de Gaeta y montre une seule figure.

[4] Geste accompagnant les paroles «Lavez-moi alors les mains et la tête», réponse
que St. Pierre donnait au Christ quand celui-ci lui disait que le lavement des pieds
était nécessaire pour son salut (St. Jean 13, 9).

[5] Miniature française du 12e siècle à la Bibl. Nat. Ms. Lat. 9438, Miniature anglaise du 12e siècle (Brit. Mus. Reprod. III, pl. 7). Miniature allemande du 12e siècle
(Swarzenski, op. cit., fig 61). Une miniature anglaise du commencement du 13e siècle
montre dans l'attitude d'un des apôtres une grande ressemblance avec le panneau de
Duccio (Brit. Mus. Reprod. III, pl. 14).

[6] Millet, Recherches, fig. 321.

juifs, pourtant on le rencontre sur la colonne de S. Marc à Venise et sur
des bas-reliefs dans la crypte de la Cathédrale de Modène, mais ces deux
sculptures n'ont rien en commun avec les compositions de nos peintres.
Deux miniatures du Ms. Grec 74 de la Bibliothèque Nationale nous fournissent des éléments de la composition de Giotto, parce qu'on n'y trouve
que quelques figures[1], comme dans la fresque de Padoue, aulieu du
groupe assez nombreux que Duccio nous montre, et dans le fond[2] on
distingue un portique que Giotto répétait. La figure de Satan tenant Judas
est une addition d'origine occidentale.

La Prière au Mont des Oliviers. Bien que la mo-
saïque de Ravenna nous fournisse une composition très différente de la
prière du Christ avant qu'il fût arrêté, le Codex Rossanus montre déjà
les éléments principaux de la composition byzantine traditionnelle; deux
scènes sont représentées simultanément; à droite nous voyons le Christ
prosterné en prière, à gauche il s'adresse à trois disciples endormis, ce
dernier moment a une montagne comme fond, tandis que la prière a lieu
sur un autre rocher.  On trouve une image presqu'identique sur l'autel
d'or du 10ᵉ siècle à Aix-la-Chapelle, seulement ici à l'envers de la nôtre[3].

Les représentations d'une époque plus récente ont un aspect différent; les trois disciples auxquels s'adresse le Seigneur sont assis, les
autres se trouvent derrière ceux-là et sont endormis. Plus loin le Christ
prie agenouillé — et non prosterné — un ange lui apparaît, comme c'est
indiqué dans le texte.  Des quatre miniatures qui illustrent ce moment
dans le Ms. Grec 74 de la Bibliothèque Nationale[4] la deuxième surtout
est conçue de la même manière et les autres montrent certains points de
ressemblance.

Une miniature byzantine de la Bibliothèque du Vatican[5], la fresque
de S. Angelo in Formis, la mosaïque de Monréale et le polyptyque de
Trieste présentent une variante: la montagne sur laquelle le Christ est vu
en prière est la même qui sert de fond pour les disciples dormant, seulement St. Pierre est reveillé sur quelques-unes de ces représentations.

Bien que Duccio ait pris des libertés en interprétant la composition
byzantine il n'y a pas de doute qu'il la suivait.  Nous retrouvons par

---

[1] Pl. 43 de la reproduction.
[2] Pl. 169.
[3] Rohault, La Messe, pl. 87. La colonne sculptée de St. Marc à Venise montre les
mêmes divisions.
[4] Pls. 45, 83, 84, 135.
[5] Seroux d'Agincourt, Storia dell' arte dimostrata coi monumenti etc. etc. 8 vols.
Prato 1826—29. Pittura, pl. 57, traduction du français.

28

exemple l'attitude du disciple endormi qu'on voit dans le panneau de
Duccio comme le dernier à droite, dans la mosaïque de Monréale à peu
près au même endroit. Un autre dormeur représenté par Duccio avec
les mains croisées sous la tête semble copié d'un ivoire italo-byzantin du
11e siècle au musée de Bologne[1] où d'autres attitudes et gestes nous rappellent également la peinture de Sienne.

Le Baiser de Judas. La combinaison du Baiser de Judas
avec l'arrestation du Sauveur et l'attaque de St. Pierre sur Malchus est
comme le remarque M. Millet d'origine byzantine; la façon agitée dont
Judas se jette dans les bras du Christ est connue depuis la miniature du
codex syrien de Florence et apparaît avec une grande regularité à partir
de cette époque. Giotto et Duccio adoptent ces différents éléments orientaux bien connus en Italie avant eux. Mais il y a un détail par lequel
ces deux artistes diffèrent de leurs compatriotes et prédécesseurs qui
placent presque tous St. Pierre taillant l'oreille de Malchus dans un petit
groupe à part[2], habitude qu'on ne rencontre que rarement dans les œuvres
byzantines[3]. La tradition suivie par Giotto est celle où Malchus fait partie
du groupe de soldats qui entourent le Christ, St. Pierre l'attaque par
derrière. Cette disposition des figures que nous trouvons dans sa forme
la plus sommaire dans la mosaïque de Ravenne, était suivie par les miniaturistes des différents Tetra-évangiles byzantins du 11e siècle[4] et en
Italie on le recontre sur le crucifix de S. Martino à Pise et le polyptyque
de Trieste. Un des Tetra-évangiles — celui de Gélat — montre encore
une figure que Giotto a reproduite assez fidèlement; c'est le prêtre qui
est vu dans une attitude presque identique au premier plan, d'autre part,
le fait que quelques-uns des soldats touchent le Seigneur au même instant où le traître l'embrasse est bien moins fréquent dans l'art byzantin[5]
qu'en Italie où nous le rencontrons sur une sculpture du 12e siècle de
la Cathédrale de Modène[6], sur la porte sculptée de Benevento, la mosaïque du Baptistère de Florence, le grand triptyque de la Pinacothèque

[1] Graeven, op. cit., n⁰ 8. Schlumberger, op. cit. III, p. 61.

[2] Fresque de S. Angelo in Formis, mosaïque et porte en bronze de Monréale, petites scènes entourant des crucifix du 13e siècle des Offices nᵘ 3 et du Palazzo Pubblico de San Gimignano, fresque que nous croyons de Cavallini avec aides dans l'église supérieure de St. François d'Assise, chaire de Giovanni Pisano au Musée de Pise.

[3] Pourtant on le rencontre dans le Ms. Grec 74 de la Bibl. Nat. (pls. 46, 84, 136, et 172 de la reproduction) et Berol. 66. (Millet, Recherches, fig. 347).

[4] Millet, Recherches. figs. 341—45.

[5] D'Agincourt. op. cit., Peinture pl. 57 nous montre une miniature grecque du Vatican ou nous rencontrons ce détail qui est beaucoup moins rare dans l'art byzantin des siècles plus récents.

[6] Rohault, La Messe III, pl. 56.

de la Galerie de Pérouse, le crucifix de S. Gimignano[1] et une fresque
que nous attribuons à Cavallini et aides dans l'église supérieur de St.
François d'Assise. Ce détail était aussi connu dans l'art mediéval français[2].

Duccio a fait dans la composition un changement dont nous ne connaissons pas d'exemple plus ancien, c'est que St. Pierre attaque Malchus de
face. Mais un élément plus important est le groupe de disciples prenant
la fuite[3] dont seulement des rares exemples plus anciens sont venus à
notre connaissance, et ceux-ci appartenant à l'art de l'Orient[4]; un peintre
du milieu de 14e siècle, assez gauche et probablement Ombrien nous le
met sous les yeux d'une façon assez ressemblante à celle de Duccio dans
une fresque au Sacro Speco de Subiaco.

Le Seigneur devant Annas. Duccio n'a pas omis le
moment, où le Sauveur paraît devant son premier juge qu'on distingue
facilement du moment suivant, où le Christ se trouvera devant Caïph,
par le fait qu'en accord avec le texte on voit dans le premier un soldat
frapper le Seigneur, pendant que Caïphe se déchire les vêtements. Pourtant les deux gestes ont été assez souvent réunis et c'est ainsi que le fit
Giotto comme nous le verrons. Seules, quelques miniatures byzantines
et représentations allemandes donnent le geste du soldat séparément[5].

Le Christ devant Caïphe. Comme nous le disions, Duccio dis-
tinguait le moment précédent de celui où le Rédempteur se trouva devant
son deuxième juge, Caïphe, dont nous venons de mentionner le geste caractéristique. Avant Duccio nous le trouvons aussi sur la colonne sculptée
de St. Marc de Venise et dans quelques miniatures allemandes d'environ
l'an 1000[6].

L'élément typique de ce moment fut déjà combiné avec celui du précédent sur les crucifix du 13e siècle au Palazzo Pubblico de San Gimignano et des Offices (nᵒ 4 maintenant à l'Accademia) ainsi que sur la

---

[1] Ici c'est Malchus qui met la main sur le Seigneur, nous trouvons ceci également
dans une miniature du Ms. Grec 54 de la Bibl. Nat.

[2] Miniature d'environ 1200. (A. de Bastard, Histoire de Jésus Christ en figures
gouaches du 12e au 13e siècle, conservées à la Collégiale de St. Martial de Limoges.
Paris 1879 le Ms. passa dans la collection Morgan) Miniature d'environ 1300. (Ms. franç.
400 de la Bibl. Nat.)

[3] Selon St. Mathieu XXVI, 56 et St. Marc XII, 50.

[4] Miniatures du Codex VI, 23 de la Laurentienne à Florence et du Ms. copte de
la Bibl. Nat.

[5] Des exemples nous sont fournis par le Ms. Grec 74 de la Bibl. Nat (pl. 173 de
la reproduction), l'Antipendium de Sœst (Janitschek, Geschichte der deutschen Malerei.
Berlin 1890, p. 160. Swarzenski, op. cit., fig. 349). Le polyptyque de Trieste montre le
soldat qui gifle en présence d'une figure qui semble être Pilate.

[6] Munich, Cod. Lat. 4452 (Sauerland et Haseloff, Der Psalter des Erzbischofs Eg-
bert von Trier etc. Trier 1901, pl. 58. Vöge, op. cit., p. 70).

30

chaire de Giovanni Pisano dans le Musée de Pise. Giotto fait de même; sa composition où nous voyons deux prêtres assis l'un à côté de l'autre et un groupe en face d'eux, ressemble quelque peu à celles des deux crucifix.

Les soldats se moquant du Seigneur. Les soldats se moquant du Christ est un sujet qui ne paraissait pas très souvent dans les monuments du Moyen-âge. On le trouve pourtant sur un crucifix du 13ᵉ siècle à San Martino à Pise où le groupe est assez développé et dans une sculpture de Giovanni Pisano au Musée de la même ville où les assistants sont beaucoup moins nombreux. Duccio ne dépend ni de l'un ni de l'autre, puisqu'il représente l'événement comme ayant lieu en présence de Caïphe. Seulement deux figures agenouillées, feignant d'adorer le Sauveur, se retrouvent sur la sculpture de Pisano et sur bien des représentations byzantines[1].

St. Pierre renie le Christ. L'infidélité de St. Pierre est figurée par Duccio en trois moments différents, il renie le Sauveur en parlant à deux soldats à la porte de la salle où se trouve Caïphe, puis dans la cour assis près du feu avec les gardes, et enfin s'adressant à une servante devant la porte de la pièce où les soldats se moquent du Christ. Les trois instants sont pris dans des Evangiles différents et sans ordre chronologique, mais les mêmes trois scènes se rencontrent déjà dans une miniature d'un Codex de la Laurentienne de Florence[2]. D'autres représentations nous font voir St. Pierre avec la servante près du feu, parfois seuls[3], mais plus souvent accompagnés d'autres personnages comme par exemple une miniature du Ms. Copte 13 de la Bibliothèque Nationale, les fresques disparues du S. Bastianello in Palara à Rome[4] et surtout la miniature du Ms. Grec 74 de la Bibliothèque Nationale[5] où l'attitude de St. Pierre avec une main levée ressemble assez à celle que nous montre Duccio.

La servante parlant à Pierre près d'une porte est un sujet connu depuis les mosaïques de Ravenne; la sculpture du chandelier de Gaeta et la fresque du Peribleptos de Mistra[6] se rapprochent davantage du Siennois.

Dans le Ms. Copte 13, nous retrouvons St. Pierre parlant avec les deux hommes que nous montre Duccio; les gestes des deux figures dans

---

[1] Par exemple dans une miniature du 11ᵉ siècle du Ms. Grec 74 de la Bibl. Nat.
[2] VI, 23 Millet, Recherches, fig. 368.
[3] Millet, Recherches, figs. 363, 366, 368. Aussi bas-relief du 12ᵉ siècle dans la crypte de la cathédrale de Modène.
[4] id. figs. 369 et 371.
[5] Pls. 47, 85, 136 et 174 de la reproduction, surtout les deux premières.
[6] Millet, Monuments de Mistra, pl. 122.

la miniature africaine sont presqu'identiques avec celles de notre peintre,
au panneau duquel ressemble également un ivoire carolingien du Louvre[1].
Nous retrouvons la même scène en deux divisions sur un crucifix du 13[e]
siècle au Musée de Pise. Ici St. Pierre est assis, mais l'attitude de la
femme est la même que nous avons vue chez notre artiste. Quelques miniatures allemandes — comme par exemple celle qui illustre l'Evangéliaire
d'Otton III — représentent ce moment, mais n'ont pas autant de rapports
avec la composition de Duccio, seulement ici nous trouvons comme le
codex IV : 23 de la Laurentienne, St. Pierre discutant avec deux hommes
ce qui n'est représenté que rarement et ne correspond pas aux textes,
mais Duccio ne l'a pas omis, prouvant ainsi combien il dépendait de ses
prédécesseurs.

Le Seigneur devant Pilate. Duccio nous montre deux fois le
Christ devant Pilate une fois avant que celui-ci ne l'envoie à Hérode, la
deuxième fois quand il est retourné de chez ce dernier. La première de
ces deux représentations montre quelques points en commun avec des
miniatures du Ms. Grec 74 de la Bibliothèque Nationale[2] où l'on peut
trouver des ressemblances dans l'attitude du Sauveur et de Pilate qui y
est représenté debout contrairement à l'habitude, mais d'accord avec
Duccio.

Le Christ devant Hérode. Duccio nous met également sous les
yeux le moment si rarement représenté du Christ devant Hérode, comme
le fait le miniaturiste du Ms. 74[3], le peintre ne différencie pas beaucoup
cette composition de la précédente.

Le Sauveur de nouveau devant Pilate. Le désir de ne rien
omettre doit avoir primé chez Duccio la crainte de devenir monotone, en
nous mettant sous les yeux une cinquième représentation du Seigneur
devant un juge, quand, de retour de chez Hérode, il réapparaît devant Pilate, le miniaturiste byzantin du Ms. 74 l'a naturellement dépeint avec
le même désir de nous faire voir tous les instants de la Passion, seulement celui-ci oublia de vêtir le Christ de blanc[4].

Pilate se lave les mains. Dans l'art des premiers siècles chrétiens on voit Pilate assis, quand il se lave les mains, pendant qu'un domes-
tique verse l'eau[5]. Duccio cependant nous montre Pilate debout, suivant

---

[1] Goldschmidt, Die Elfenbeinskulpturen aus der Zeit der karol. und sächs. Kaiser.
Berlin 1914, n⁰ 73.

[2] pls. 47—48, 138, 175—77 de la reproduction.

[3] pl. 138.

[4] pl. 139.

[5] Des exemples nous sont fournis par un sarcophage, (Rohault, Les Evangiles II,
pl. 88), une mosaïque de Ravenne, la porte de S. Sabina à Rome, un ivoire du British

32

la tradition byzantine [1]; mais il conserve un détail de l'iconographie chrétienne plus ancienne par le fait qu'il montre les soldats amenant le Sauveur pendant que Pilate exécute le geste symbolique par lequel il rejette sa responsabilité [2].

La Flagellation. La plupart des prédécesseurs italiens de Duccio limitent leur image de la Flagellation aux figures du Christ et de deux hommes qui comettent l'action [3] et de cette manière Giovanni Pisano le montre sur la chaire du Musée de Pise. Si d'autres figures y assistent, c'est généralement Pilate assis sur un trône [4]. Une miniature allemande du 12e siècle [5] est l'unique exemple venu à notre connaissance, antérieur à Duccio, qui montre Pilate debout; mais cette image n'a, à part cela, rien en commun avec Duccio et n'appartient certainement pas à la même tradition iconographique.

Le Couronnement d'épines. Avec cette image la longue série de scènes de la Passion de Duccio, rejoint de nouveau celle plus courte de Giotto, mais les deux peintres n'ont ici rien en commun. Ni l'un ni l'autre ne ressemblent aux représentations italiennes beaucoup plus anciennes de San Urbano al Cafarello ou San Angelo in Formis, où le Sauveur est vu debout, mais le crucifix du 13e siècle du Palazzo Pubblico de San Gimignano nous montre une scène qui a des rapports avec la fresque de Giotto; le Christ est assis, un homme s'agenouille devant lui et quelques spectateurs assistent. Le peintre du 13e siècle ainsi que le Florentin ont omis de faire figurer Pilate dans leurs compositions, dont la présence est un détail par lequel Duccio se sépare de cette conception, mais se rapproche de la fresque de Cavallini — ou plutôt de ses disciples immédiats —

Museum (Dalton, Catalogue, pl 4), une miniature du Codex Syrien de Florence et quelques ivoires (Garucci. op cit. VI. pls. 445 et 450). Cette tradition s'est maintenue en France, miniature du commencement du 12e siècle à la Bibl. Nat Nouv. ac Lat. 1392 fol. 9.

[1] Ms. Grec 74 de la Bibl. Nat. pl. 139 de la reproduction.

[2] Diptyque en ivoire de la cathédrale de Milan.

[3] Sculpture romane de la cathédrale de Modène. Grand triptyque de la fin du 13e siècle à la Pinacothèque de Pérouse, autre triptyque dans la chapelle du sacrement de la Ste. Claire d'Assise, crucifix de Coppo di Marcovaldo à la cathédrale de Pistoia et dans la S. Martino de Pisa, triptyque en mosaïque d'Alba Fucense (Bertaux, op. cit., pl. 13bis), polyptyque de Trieste. Aussi connu en France, miniature du commencement du 13e siècle du Ms. Nouv. ac Lat. 1392 de la Bibl. Nat. et Ms. du Brit. Museum. (Reproductions of the Brit. Mus I, pl. 21.) Un exemple anglais est donné par le Peterborough Psalter (pl. 22 de la reproduction), on le rencontre également sur la porte (allemande) de S. Zeno, Vérone.

[4] Miniature du Ms. Grec 74 de la Bibl. Nat. pl. 176 de la reproduction, crucifix du 12e siècle, Offices n° 3. crucifix du 13e siècle, idem, n° 4. Miniature française du 13e siècle, Bibl. Nat. Ms. Lat. 10434.

[5] Swarzenski, op. cit., fig. 351.

à la Sta Maria Donna Regina de Naples, où Pilate est assis dans un
portique, comme nous le montre Duccio. Dans la fresque de Naples ainsi
que dans le panneau de Sienne nous trouvons un groupe important s'approchant de droite et deux personnages s'agenouillant comme en adoration
devant le Seigneur. Ces deux dernières figures se trouvent également dans
deux miniatures du Ms. Grec 74 de la Bibliothèque Nationale[1] où les
mêmes apparaissent dans la scène des soldats se moquant du Christ[2].

Le Calvaire. La manière dont le Christ montait au Calvaire, est
décrite par St. Jean d'une façon différente des Synoptyques. La première
de ces sources mentionne que le Sauveur lui-même fut chargé de la croix,
les autres nous disent que les soldats avaient forcé Simon de Cyrène de
la porter, mais elles nous font comprendre que cela avait lieu après que
le Seigneur lui-même l'eût déjà traîné sur une certaine distance. L'auteur des Méditations insiste là-dessus.

Les deux versions furent représentées dans les monuments des premiers siècles chrétiens, dans les œuvres byzantines et persistèrent dans
l'art italien des 12e et 13e siècles[3]. Giotto va d'accord avec le texte de
St. Jean. Duccio fait le contraire. Un trait caractéristique de la composition de Giotto est la division des personnages en plaçant le Christ
seul, mais précédé d'un petit groupe et suivi d'un autre plus considérable.
Des exemples plus anciens nous prouvent que Giotto suivait ici un certain modèle. Une miniature byzantine du 11e siècle[4] nous fournit outre
ce trait-là encore des ressemblances par rapport à l'attitude du Christ
portant la croix, et des soldats derrière lui tenant des lances. Nous re-

[1] Pl. 49 et 86 de la reproduction.

[2] Pl. 137.

[3] Le Sauveur portant sa croix se trouve sur un ivoire du 5e siècle au British
Museum, la porte de S. Sabina à Rome, miniature bulgare du 11e siècle (Millet, Re-
cherches, fig. 403), miniature du 11e siècle du Ms. Grec 74 de la Bibl. Nat. (pl. 178 de
la reproduction), fresque à S. Urbano al Cafarello, fresque perdue de S. Paolo fuori
Rome (reprod. d'Agincourt, op. cit., Pittura, pl. 96), sculpture de la cathédrale de
Modène, chandelier 1170—80, dans la même église, diptyque du 13e siècle, à l'Accademia de Florence, Petites scènes sur les crucifix du 13e siècle Offices n⁰ 4 et S.
Martino Pisa, fresques de l'école de Cavallini a S. Maria Donna Regina, Naples
et de l'école do Cimabue à l'église supérieure de St. François, Assise, triptyque en mosaïque à Alba Fucense (Bertaux, op. cit., pl. 13bis), porte de S. Zeno, Vérone etc. etc.
Simon portant la croix, nous le rencontrons dans une mosaïque de Ravenne, sarcophage de Nîmes, fresque à S. Maria Antiqua (de Grüneisen, op. cit, p. 160), miniatures du 7e siècle de l'Evangilaire de St. Auguste, Corpus Christus College Cambridge
(Westwood, Paleographia sacra Pictora. London 1843—45, pl. 11) du Codex VI, 23 de
la Laurentienne, fresque du Peribleptos à Mistra, fresque de S. Angelo in Formis,
porte de Benevento, chandelier de Gaeta, mosaïque de St. Marc, Venise, crucifix du
12e siècle, Offices n⁰ 3. Aussi dans des miniatures allemandes comme celles du Codex
Egberti et de l'époque Ottonienne (Vöge, op. cit., p. 70).

[4] Ms. Grec 74 de la Bibl. Nat. pl. 74 de la reproduction.

34

trouvons la même division dans la fresque du commencement du 12e
siècle à S. Urbano al Cafarello seulement ici la procession s'avance en
sens inverse. Une petite scène sur un crucifix du 13e siècle aux Offices
(no 4) place également les soldats avec les lances derrière le Seigneur et
comme sur la fresque de Giotto deux soldats mènent le cortège[1]. La
fresque de l'école de Cavallini à Naples montre beaucoup de ressemblance
avec Giotto dans l'attitude du Sauveur.

Le panneau de Duccio unit également des éléments bien connus.
Contrairement aux divisions de Giotto, nous ne trouvons ici qu'un seul
groupe dont le Christ est la figure centrale; Simon avec la croix marchant devant le Christ qui est tenu par un soldat, sont des détails qui se
trouvent déjà sur des mosaïques de Ravenne et M. Millet cite quelques œuvres
italiennes et allemandes où se rencontrent les mêmes gestes[2]. Une miniature du Codex VI: 23 de la Laurentienne[3] a une autre figure que Duccio
a également représentée, c'est le soldat qui se trouve entre Simon et le
Christ et qui, la tête tournée, regarde derrière lui, les saintes femmes qui y
terminent la petite procession offrent par la place qu'elles occupent et
même par leurs attitudes une certaine ressemblance avec le panneau
siennois.

La Crucifixion. Les peintures que Giotto et Duccio nous
montrent de la Crucifixion sont différentes des représentations habituelles byzantines, pourtant la plupart de leurs caractéristiques sont connues par quelques images orientales et surtout par des œuvres d'art italiennes des temps
plus anciens.

Pendant qu'à Byzance on plaçait plus souvent la Vierge et St. Jean
chacun d'un côté de la croix, Giotto et Duccio suivent une autre tradition, aussi ancienne, mais moins répandue en Orient, où la Mère et le
Disciple se trouvent ensembles[4], comme le font voir Cimabue et tous
les peintres italiens de la fin du 13e siècle[5].

[1] Le diptyque du 13e siècle de l'Accademia de Florence montre également deux
soldats à la tête du cortège, mais des saintes femmes seules suivent. Sur le polyptyque
de Ste. Claire à Trieste un seul soldat va devant et beaucoup viennent derrière.

[2] Millet, Recherches, p. 362 note 4, p. 363 notes 1—2.

[3] Millet, Recherches, fig. 407.

[4] Ivoire du 5e siècle au British Museum, miniature du Codex syrien de Florence,
ivoire du Victoria and Albert-Museum (Griggs, Portefolio of Ivories no 8), miniatures
grecques du Psautier de Mélisande du British Museum et le Ms. Grec 74 de la Bibl.
Nat. (pl. 52 de la reproduction), les fresques de la chapelle de St. Jean et du Peribleptos à Mistra (Millet, Monuments de Mistra, pls. 105 et 117) etc. etc.

[5] Fresques de Cimabue dans l'église supérieure de St. François et du «Maître de
St. François» dans l'église inférieure, crucifix de San Gimignano. Un exemple plus ancien nous est montré sur la porte de Benevento.

Ce sont surtout les deux Pisano qui montrent des points de contact avec Giotto et Duccio, non seulement ils placent sans exception la Vierge et St. Jean du même côté de la croix mais on trouve chez ces sculpteurs comme chez nos peintres que ce dernier aide à soutenir la Madonne qui s'évanouit; on rencontre aussi le même type nouveau du Christ qui n'a rien de commun avec la figure que nous en montre l'art italo-byzantin et dont Cimabue ne s'était pas encore libéré. Enfin, un détail iconographique qui pourrait sembler de peu d'importance, mais qui pourtant figure à partir de 1300 regulièrement dans les représentations de la Crucifixion unit ces artistes de Pise, de Florence et de Sienne, c'est que le Christ a les deux pieds attachés par un seul clou. D'autres éléments des sculptures des Pisano se trouvent surtout chez Duccio. Comme Giovanni sur la chaire du musée de Pise, il place les deux criminels crucifiés à côté du Sauveur, mais il les attache d'une manière différente à l'instrument de supplice, puisque Duccio les représente cloués à la croix, tandis que Giovanni nous les montre attachés par des cordes — détail conservé dans des siècles plus avancés. Deux personnages de la foule, l'un se tenant la barbe; l'autre — le centurion converti — montrant le Crucifié, qui figurent sur les deux chaires de Nicolo, ont été assez fidèlement reproduites par Duccio, mais ils s'agit ici de figures assez traditionnelles, puisque la première se trouve également dans la fresque de Cimabue dans le St. François supérieur [1], le Centurion a été répété par Giovanni et le premier personnage à gauche du panneau de Duccio occupe dans la fresque de Cimabue la même place. Seulement le Siennois se sépare de la vieille tradition en ôtant aux soldats avec la lance et l'éponge l'importance que les artistes antérieurs et les Pisano leur attribuaient encore et il les cache presque dans la foule.

La Crucifixion de Giotto est quelque peu différente, il n'a pas placé un groupe aussi considérable de personnes autour de la croix, pourtant ici on rencontre les soldats se partageant les vêtements du Christ qui manquent souvent dans les monuments byzantins et italiens des siècles antérieurs et prennent une place où on ne les trouve que rarement [2]. La Madeleine agenouillée en embrassant la croix est une addition d'origine occidentale et assez rare en Italie au 13e siècle [3].

[1] Il y a d'ailleurs un certain nombre de figures que Niccolo Pisano et Cimabue ont en commun.

[2] La fresque de S. Angelo in Formis et la sculpture de la Descente de croix d'Antelami à Parme ont ici quelques points de communs avec la fresque de Padoue; on rencontre les soldats jouant aussi dans une miniature du Rabula codex de Florence.

[3] Pourtant on la rencontre dans un panneau de la fin du 13e siècle dans la collection Sterbini, Rome. Venturi, op. cit. V, fig. 94.

36

Le disciple de Giotto qui fit la Crucifixion dans le St. François inférieur nous montre la Vierge s'évanouissant, soutenue par deux femmes comme nous le voyons sur des représentations plus anciennes[1]. Il nous fait voir également le centurion converti tenant son bouclier, figure connue des artistes byzantins[2].

[1] Mosaïque du Baptistère de Florence, panneau de l'école de Cavallini à la Gallerie Nazionale Rome, les sculptures des Pisano, le polyptyque de Ste. Claire à Trieste.

[2] Miniatures du 11e siècle du Ms. Grec 74 de la Bibl. Nat. (pls. 52, 88 et 104 de la reproduction). fresque du Peribleptos Mistra (Millet. Monuments de Mistra. pl. 117) , les portes de Pise et de Mouréale, le chandelier sculpté de Gaeta etc.

IV.

## LES ÉVÉNEMENTS APRÈS LA MORT DU CHRIST.

La Descente de Croix. Dans aucune série byzantine de scènes de l'histoire du Sauveur la Descente de croix ne manque. Duccio l'a représentée et peut-être Giotto également dans une peinture à part[1] mais le moment ne figure pas dans la chapelle de Padoue.

La plupart des éléments de la composition de Duccio nous sont connus par des œuvres italiennes plus anciennes et son panneau pourrait être appelé une transformation de celui du «Maître de St. François» de la Pinacothèque de Pérouse, ressemblant également à une fresque des dernières années du 13e siècle à l'église des saints Apôtres à Venise ou nous trouvons aussi la Vierge face à face avec le Christ, une sainte femme baisant la main du Sauveur qui est soutenu par derrière par Joseph d'Arimathé. La fresque de Peribleptos[2], la mosaïque de Monréale et la fresque de l'école de Cavallini à la Sta Maria Donna Regina de Naples donnant la même attitude au corps du Sauveur tombant vers sa mère placée entre les bras du mort. Les changements que Duccio introduisait sont presque uniquement dus à son désir d'arriver à une composition plus artistique. Avant lui c'est seulement le «Maître de St. François» qui dans son panneau de la Galerie de Pérouse et sa fresque dans

---

[1] H. Thode, Giotto. Leipz. 1899, p. 140.

[2] Millet, Monuments de Mistra, pl. 122. Nous retrouvous ce détail dans un ivoire du 12e siècle de l'école de Winchestre au Victoria and Albert-Museum et en quelques miniatures anglaises. La fresque de Mistra ressemble par quelques traits à celle de Venise.

38

l'église inférieure d'Assise a donné une part active à St. Jean[1], mais chez Duccio ceci est bien plus prononcé.

La Pietà. Le deuil des fidèles groupés autour du corps du Christ couché par terre n'entre qu'au 12e siècle dans l'iconographie byzantine[2]. Au commencement ce groupe fut très restreint; la Madonne se courbe sur son fils qui, dans les exemples les plus anciens, est quelquefois couché sur ses genoux, et un des saints hommes baise une main du Seigneur. Souvent une ou deux figures se tenaient près des pieds[3], des anges volent dans le ciel, comme le montre Giotto, une des femmes exprime sa douleur en levant les bras et presque toutes les anciennes représentations ont le fond accidenté. Le polyptyque de Trieste est un des exemples italiens qui combinent tous ces éléments et la fresque de Cavallini dans l'église supérieure de St. François a quelques variantes qui le font ressembler à une miniature byzantine du Vatican[4]. Ici la Madonne soutient le corps du Christ, une sainte femme s'agenouille près de la tête, les bras levés dans un geste de désespoir; un autre se trouve près de St. Jean qui porte une main à la bouche, pendant que la Madeleine embrasse les pieds. Derrière nous voyons deux femmes et deux hommes debout, le fond est formé de rochers. Un disciple de Cavallini qui représenta la même scène dans une fresque de la Sta Maria de Donna Regina à Naples réduit le nombre de figures debout à Joseph d'Arimathée tenant le linceuil, il omet la femme agenouillée à côté de St. Jean et c'est un homme qui baise les pieds du Christ.

Giotto fit encore quelques changements; il remplaça St. Jean par une femme, les saintes femmes tournent le dos au spectateur et il place séparé des deux hommes un petit groupe dans le fond; mais pourtant il semble qu'il ait pris exemple sur Cavallini qui suivait le type byzantin.

La Mise au Tombeau. La scène représentant le moment où les fidèles placent le corps du Sauveur dans un sarcophage, correspond chez Duccio à la Pietà de la série de la chapelle Scrovegni. M. Millet nous explique que cette représentation est une interprétation déformée du moment où le corps fut placé sur une pierre rectangulaire pour être embaumé[5]. Nous n'allons pas suivre tous les changements qui de cette première

---

[1] R. van Marle, Il Maestro di San Francesco. Rassegna d'Arte 1919, p. 9.

[2] Millet, Recherches, p. 532.

[3] Millet, Recherches, figs. 532—34, aussi fresque du Peribleptos, Millet (Monuments de Mistra, pl. 122), mais ici le groupe est placé sous la croix comme le fit Lorenzetti dans son panneau de la Galerie de Sienne et bien d'autres.

[4] D'Agincourt, op. cit., Pittura, pl. 57. La plupart de ces détails se trouvent également dans la sculpture de la porte de Spalato de 1214.

[5] Millet, Recherches, p. 501.

forme ont fait la Mise en cercueil que nous voyons dans un grand nombre des représentations de l'art chrétien et qui est en somme en contradiction avec les textes qui parlent d'une grotte. Mais nous nous bornerons à constater avec M. Millet que la fresque de l'église des Sts. Théodores à Mistra[1] montre à peu près tous les éléments de la peinture de Duccio, sauf les attitudes des deux figures à la tête et aux pieds. A Mistra deux figures seulement sont vues à côté de la Vierge, où Duccio en montre trois, ajoutant encore un vieillard de l'autre côté du sarcophage, la même figure qu'on peut déjà trouver sur un panneau du 13ᵉ siècle de la Galerie de Sienne (nᵒ 13). Le fond de la fresque byzantine est différent, en plus elle est représentée en sens opposé. Très curieuse est la ressemblance entre les figures de la Madonne et la Madeleine chez le peintre de Mistra et celui de Sienne, la deuxième de ces saintes femmes est vue les bras levés au ciel, geste qui établit un point de contact entre cette figuration et la Pietà de Giotto. Les attitudes de la Vierge et de Ste. Marie-Madeleine se rencontrent d'ailleurs sur des œuvres italiennes du 12ᵉ et 13ᵉ siècle[2]. Les représentations françaises et allemandes diffèrent du type suivi à Byzance et en Italie; dans les premières on montre le moment où le corps du Sauveur descend déjà dans le cercueil, tandis que les autres invariablement représentent les fidèles le soutenant.

L e s  S a i n t e s  F e m m e s  a u  s é p u l c r e. Mr. Millet remarque que la caractéristique d'une certaine tradition de figurer la visite des saintes femmes au tombeau vide, consiste dans la manière dont est placé le couvercle du cercueil, sur lequel l'ange est assis[3]. Mais cette tradition très repandue à Byzance le fut peut-être encore davantage en Italie, en France et en Allemagne[4], bien que dans les pays de l'Europe centrale les monuments montrent aussi très souvent l'ange assis devant un tombeau, qui a plus ou moins la forme d'une coupole. Aussi y a-t-il

[1] Millet, Mouuments de Mistra, pl. 88.

[2] Sculpture de 1181 à S. Maria di Rosano (Bertaux, op, cit., p. 109) Relief en argent au Vatican (Rohault. La Vierge I, pl. 50). Grand triptyque de la seconde moitié du 13ᵉ siècle à la Pinacothèque de Pérouse, scènes sur les crucifix du 13ᵉ siècle au Musée et à l'église de S. Martino, Pise et de Coppo di Marcovaldo dans la cathédrale de Pistoia.

[3] Millet, Recherches, p. 521.

[4] Miniatures dans un Evangéliaire de 1170 au Dôme de Padoue et d'un codex de la Bibl. Civ. de Mautou (Venturi, op. cit. III, figs. 423 –24), porte de Benevento, chandelier de Gaeta, fresque de la crypte de SS. Cosme et Damiano Rome, scène sur un crucifix du 12ᵉ siècle, visible depuis peu de temps, à la Galerie de Sienne. Une des scènes autour d'une Madonne en relief de la fin du 12ᵉ siècle à Sta Maria Maggiore Florence, crucifix du 13ᵉ siècle à S. Martino, Pise panneau de l'école de Cavallini à la Galerie Nationale Rome et fresque de la même école à Naples. Miniature française du 12ᵉ siècle, Bibl. Nat. Lat. 9438, miniature allemande du 12ᵉ siècle, Swarzenski, Salzburger Malerei, fig. 175 etc. etc.

40

un certain nombre de représentations byzantines et italiennes du 12e et
13e siècle où manque ce détail[1] dont une mosaïque de Ravenne nous
fournit un des premiers exemples et que Duccio avait gardé empruntant
non seulement cet élément à ses prédécesseurs, mais aussi les attitudes
des saintes femmes et de l'ange. Ce fut d'ailleurs une des représentations
qu'un grand nombre d'artistes répétaient l'un après l'autre sans y apporter un changement sauf celui qui concerne le nombre des femmes qui
quelquefois — surtout dans l'Occident — est trois, d'accord en cela avec
St. Marc XVI. 1—10 et les Méditations, et chez les Byzantins deux, selon
St. Matthieu XXVIII. 1—7[2].

La Descente du Christ aux Limbes[3]. Certains détails
apparaissent aussi dans les représentations de la Descente aux Limbes
avec une grande régularité. Presque toujours le Sauveur s'avance de
gauche, passant sur les deux portes de l'Enfer et foulant Satan aux pieds.
Il tient l'avant-bras d'Adam derrière lequel on aperçoit d'autres figures.
Duccio qui suit cette composition n'omet pas la façon caractéristique dont
le Sauveur tient le patriarche, bien que le texte nous dise qu'il l'avait pris
par la main. Le Siennois prouve par ce détail qu'il a imité ses prédécesseurs[4], et ceci est confirmé, quand nous comparons son panneau à la fres-

---

[1] Fresques de Mistra (Millet, Monuments de Mistra, figs. 89, 94, 121), miniature
byzantine du 12e siècle Ms. Grec 914 de la Bibl. Nat. mosaïque de Monréale, miniature
de 1099 de Montecassino (Bertaux, op. cit., fig. 91), crucifix du 13e siècle, Offices n⁰ 4.

[2] Une miniature française du 12e siècle à la Bibl. Nat. Lat. 12 056, fol. 121 v⁰
n'en montre pourtant que deux.

[3] T. Monnier, La Descente aux Enfers. Paris 1905.

[4] Ampoule de Monza (Cabrol, Diction. d'Archéol. et de Liturg I, p. 457). Colonne
de St. Marc Venise, mosaïque disparue de S. Maria ad Praesepe Rome (Garucci, op.
cit., pl. 279) fresque à Sta. Maria Antica (De Grüneisen, S. Maria Antica fig. 94), mosaïque de S. Prassede, Rome, fresques du 9e et 11e siècle à S. Clemente Rome, miniature arménienne du 11e siècle (Macler, op. cit. fig. 25), ivoire du Victoria and Albert-
Museum (Schlumberger. op. cit. 1, p. 617), plaque de Vatopedi (id. II, p. 524), miniatures du Codex des Homilies du moine Jacques au Vatican. Gr. 1162. (Stornajolo, op. cit.,
pl. I.) Fresque de Sts. Théodores à Mistra, (Millet, Monuments de Mistra, pl. 89). Ivoire
byzantin au Grünes Gewölbe Dresde (Monnier, op. cit., fig. 3). Mosaïque de St. Marc
Venise, petite mosaïque au Musée de l'Opera del Duomo Florence, miniature de Montecassino à la Bibl. Mazarine (Bertaux, op. cit., fig. 91). Portes de Benevento, Trani et
Ravello. Miniatures byzantines du Brit. Museum, Harley 1810 et Bibl. Nat. Grec 75.
Sculpture romane à Monopoli (Bertaux. op. cit., fig. 207). Chandelier sculpté de Gaeta,
fresque à S. Tommaso près de Caramanico. Triptyque en mosaïque d'Alba Fucense
(Bertaux, op. cit., pl. 13bis), fresque des disciples de Cavallini à Naples etc. etc. Miniature française du 13e siècle, Bibl. Nat. Nouv. Ac. Lat. 1392, fol. 12 v⁰ et Lat. 10 434.
Miniature allemande, Swarzenski, op. cit, figs. 273 et 342, Janitschek, op. cit., p. 101.
Haseloff, op. cit, fig. 163. Les exceptions sont rares, pourtant dans une miniature du
rouleau d'Exultet le Christ tourne le dos à Adam. (Monnier, op. cit., fig. 2). Ainsi que
dans un ivoire byzantin du 11e siècle au Musée de Berlin. (Beschreibung der Elfenbeinwerke etc. pl. 8.)

que du Peribleptos di Mistra [1] où l'aspect d'Adam est absolument identique.

N o l i  m e  t a n g e r e. M. Millet remarque que, pendant qu'en Occident on voit assez souvent la Madeleine debout, quand le Seigneur lui apparaît, la tradition byzantine la montre à genoux [2]. Le Pseudo-S. Bonaventure le décrit ainsi dans ses Méditations ; nous le trouvons sur le panneau de la fin du 13° siècle de la Madeleine à l'Académie de Florence, et Duccio nous le montre en conservant la simplicité des images de l'Orient. Pourtant l'attitude du Christ ainsi que l'arbre au centre du fond nous rappelle la même scène sur le grand triptyque de la Pinacothèque de Pérouse de la seconde moitié du 13 siècle [3].

Giotto dans ses fresques de Padoue et de la chapelle de la Madeleine dans St. François d'Assise fait également s'agenouiller la sainte; dans les deux peintures nous voyons le cercueil d'où le Christ est ressuscité, et à Padoue l'artiste y a ajouté un groupe de soldats endormis. Ceci, ainsi que la présence de deux anges, sont des éléments qui en réalité appartiennent à la scène des Saintes Femmes au Sépulcre et que nous retrouvons dans la description qu'en donne les Méditations, mais quelques fois ces deux moments sont combinés en une seule scène comme par exemple sur la fresque d'un disciple de Cavallini à Naples où il y a également un ange assis sur le sarcophage et où les gestes du Christ et son attitude qui exprime la marche sont assez ressemblants aux représentations de Giotto. D'ailleurs la miniature byzantine du 11ᵉ siècle du Ms. Grec 74 de la Bibliothèque Nationale montrait déjà des tendances vers cette disposition, parce que les deux moments s'y suivent sans interruption et deux anges sont assis sur le cercueil.

L'A p p a r i t i o n  d u  C h r i s t  a u x  p è l e r i n s  d'E m a ü s. Le panneau de Duccio représentant les pèlerins d'Emaüs à qui le Sauveur apparaît est à la fois un de ses morceaux les plus beaux et le plus sobre de composition ; on n'y trouve que les trois figures essentielles et la porte de la ville. Cette pièce d'architecture relie le Siennois à une tradition iconographique que nous pouvons suivre à partir des mosaïques de Ravenne [4]. Quelques-unes de ces figurations montrent encore d'autres dé-

---

[1] Millet, Monuments de Mistra, pl 116.

[2] Miniature de la Bibl. Nat. Ms. Grec 74, pl. 183 de la reproduction, miniature du Codex VI : 23 de la Laurentienne (Millet, Recherches. fig 593). mosaïque de Monréale, ivoire de Salerno.

[3] Marie-Madeleine à genoux et l'arbre au centre se trouvent aussi dans une miniature française d'environ 1300. Bibl. Nat. Fr. 183.

[4] Couverture du 9ᵉ siècle de l'Evangéliaire de Metz à la Bibl. Nat, sculpture de Guido da Como à S. Bartolomeo in Pantano Pistoie, crucifix du 13ᵉ siècle au Musée de Pise. Dans une miniature allemande du 12ᵉ siècle le groupe semble s'éloigner (Swarzenski, op. cit., fig. 339).

tails par lesquels elles s'approchent davantage de Duccio, comme par exemple le geste du Sauveur sur la mosaïque de Monreale et le fait qu'une miniature byzantine du 11e siècle du Ms. Grec 74 de la Bibliothèque Nationale place le Christ derrière les autres. La peinture de Duccio ressemble avant tout à une miniature française du 12e siècle[1] où la porte vers laquelle le petit groupe s'avance est une porte de ville, où le Sauveur tient un bâton à la main et où toutes les trois figures font un geste seulement ici le Sauveur précède les autres.

L'Apparition aux disciples attablés. Il n'y a que peu d'œuvres d'art du moyen-âge qui représentent le Christ apparaissant aux disciples pendant un repas; la sculpture sur la porte de l'église de Sta. Sabina à Rome et la miniature du Codex Egberti ne ressemblent pas plus au panneau de Duccio que la fresque d'un élève de Cavallini à Sta. Maria Donna Regina à Naples.

L'Apparition sur la montagne. Pour l'Apparition du Christ aux Apôtres sur une montagne, le nombre des reproductions qui nous fournissent matière à comparaison est également restreint; pourtant quelques ivoires[2] nous donnent des compositions qui dans leur ligne générale ressemblent assez à celle de Duccio; à gauche le Christ, le bras levé, à droite, bien séparé du Sauveur, le groupe d'apôtres. La fresque de l'école de Cavallini à Naples est complètement différente.

L'Apparition dans la salle avec la porte fermée. La colonne de Venise et quelques autres œuvres d'art[3] montrent, comme Duccio, que le Sauveur, apparaissant aux apôtres dans une salle avec la porte fermée, se trouve au milieu d'eux, pendant qu'ils se divisent en deux groupes. Le miniaturiste du Ms. Grec 74 de la Bibliothèque Nationale[4] ajoute à cela un détail par lequel il s'approche du maître Siennois; c'est que la porte fermée forme le fond de la scène. De nouveau la fresque de l'école de Cavallini de Naples est tout-à-fait différente.

Le Doute de St. Thomas. Quand Duccio figure St. Thomas, mettant le doigt dans la plaie du Christ, il ne fait que donner un aspect plus artistique à une composition connue depuis des siècles, où l'on rencontre toujours la porte fermée dans le fond, devant laquelle se trouve le Sauveur faisant face au spectateur, ouvrant d'une main son vêtement, levant en même temps l'autre. Bien que cette façon de montrer ce moment est

[1] Bibl. Nat. Lat. 833, fol. 107.
[2] Garucci, op. cit. VI, pl. 450 [2] et l'ivoire de Salerne.
[3] Croix en argent 817—24 au Sta. Sanctorum (Grisar, op. cit., fig. 34). Sculpture de Guido da Como à S. Bartolomeo in Pantano, Pistoie, miniature allemande du 12e siècle. Swarzenski, op. cit., fig. 178.
[4] Pl. 183 de la reproduction.

assez commune à Byzance et en Italie[1], il y a un nombre encore plus
considérable de représentations qui ne suivent pas cette tradition.

L'Ascension. Les représentations qui nous montrent le Sauveur
montant aux cieux peuvent être divisées en deux groupes bien distincts
dont l'un nous montre le Christ assis ou debout dans une mandorla portée
par des anges, pendant que, plus bas, les apôtres expriment leurs senti-
ments par des gestes assez agités. La plupart des images byzantines sont
conçues ainsi, mais aussi dans l'Orient chrétien plus éloigné, ce type
n'était pas inconnu, comme nous le fait voir une miniature du Codex de
Rabula de la Laurentienne de Florence qui date du 6ᵉ siècle[2]. On le rencontre encore sur des objets en métal des premiers siècles chrétiens
des œuvres d'art du moyen-âge de France, d'Angleterre et d'Allemagne
que nous n'allons pas énumérer et déjà au 9ᶜ siècle dans une fresque de
S. Clemente à Rome.

Giotto suit un autre type iconographique, où manque la mandorla et
où le Christ vu en profil semble voler vers les cieux. Le nombre des représentations plus anciennes qui nous montrent le Sauveur ainsi est considérable[3]. La présence de deux anges détermine encore davantage la tradition à laquelle appartient la fresque de Giotto[4] sur la porte sculptée du
5ᵉ siècle de la Sta. Sabina de Rome, un ange occupe à peu près la même

[1] Fresques de la chapelle de St. Jean et du Peribleptos de Mistra (Millet, Monuments de Mistra, pl. 106 et 121), mosaïques de Monréale et de Venise, ivoire de Salerno
crucifix du 13ᵉ siècle au Musée de Pise, sculpture de Guido de Como à S Bartolomeo
in Pantano, Pistoie. La même composition ou des attitudes semblables se trouvent dans
des figurations plus anciennes comme la mosaïque de Ravenne et quelques ivoires et
miniatures (Rohault de Fleury, Les Evangiles, 2 vols. 1874 II, pl. 96—97, Rohault, La
Messe. pl. 496, Gori. op. cit. III, pl 30). Autant que nous sachions, l'architrave de S.
Bartolomeo in Pantano à Pistoie dont la sculpture est quelques fois attribuée à Grua-
monte, est le seul exemple de ces époques qui nous montre le Christ vu en profil.

[2] D'antres exemples nous fournissent une boite avec une peinture syriaque du IXᵉ
siècle au Sta. Sanctorum (Grisar, op. cit., fig. 56a), des ivoires byzantins à la Biblio-
teca Barberini et de la collection Stroganoff à Rome (Graeven, Elfenbeinwerke in Italien, figs. 55—70) et au Musée de Berlin (Beschreibung der Elfenbeinwerke etc., pl. 11.)

[3] Ivoire du 5ᵉ ou 6ᵉ siècle (Garucci, op. cit. VI, pl. 459 4), ivoire Carolingien au
British Museum (Dalton, Catalogue, pl. 25), ivoire du 10ᵉ siècle à Munich (Brousolle, Le
Christ etc. p. 410), ivoire rhénan du 11ᵉ siècle au Victoria and Albert-Museum Londres
(Griggs, Portefolio of Ivories nᵒ 11), ivoire allemand du 12ᵉ siècle au Musée de Berlin
(Beschreibung der Elfenbeinwerke etc. pl. 19). miniature du «Benedictional» de Cam-
bridge (Hieber, op. cit.. p. 38), miniature du Ms. Lat. 9448 de la Bibl. Nat. (Rohault,
La Vierge I, pl. 54), miniature du Ms. 33 de la Bibl. de l'Arsenal de Paris (Rohault,
L'Evangile II, pl. 100), miniatures allemandes (Haseloff, op. cit., fig. 43, Swarzenski,
op. cit., fig. 149).

[4] Ivoire carolingien au British Museum (Dalton, Catalogue, pl. 47), miniature de
la Bibl. de S. Paolo fuori Rome (Rohault, La Vierge I, pl. 52), Bibl. Nat. Ms. Lat.
17325, fol. 39, miniature allemande du 12ᵉ siècle (Swarzenski, op. cit., fig. 373).

place que les deux dans la peinture de Padoue, c'est-à-dire plus bas que
le Christ et formant presque partie du groupe des fidèles. L'aspect du
Sauveur n'est pas non plus sans ressemblance. La composition se rapproche encore davantage dans une miniature du 11ᵉ siècle probablement
française [1] où les deux anges divisent ce groupe en deux. Pourtant il est
probable que le Florentin ait suivi la fresque de Cavallini dans l'église
supérieure de St. François à Assise où la représentation est presque identique. Giotto en a non seulement emprunté le type du Christ, mais il
semble avoir copié jusqu'aux plis de son vêtement. La place des deux
anges correspond aussi, seulement Giotto nous fait voir les assistants
agenouillés, détail que nous n'avons retrouvé que dans une miniature italienne à peu près contemporaine [2].

La Descente du Saint Esprit. Les traits caractéristiques pour
la fresque de Giotto représentant la Pentecôte sont : l'absence de la Vierge,
le groupement en cercle des apôtres et le fait que l'événement à lieu à
l'intérieur d'une maison. Il n'y a pas beaucoup d'œuvres d'art qui combinent ces trois détails; surtout les artistes des siècles antérieurs au 14ᵉ,
n'aimaient pas montrer des personnages vus de dos et évitaient pour
cette raison de placer leurs figures en cercle. Pourtant ceci nous le rencontrons dans la petite mosaïque de l'Opera del Duomo de Florence et
sur l'ivoire de Salerno [3]. La Descente du St. Esprit à l'intérieur d'une
maison est déjà figurée dans une miniature de la fin du 9ᵉ siècle du
St. Grégoire de Nazianze de la Bibliothèque Nationale [4], en quelques
exemples de l'art occidental [5] sur un crucifix du 12ᵉ siècle au musée de
Pise et la fresque de Cavallini dans l'église supérieure d'Assise. Comme
pour l'Ascension c'est surtout cette peinture que Giotto semble également
avoir suivie quant au cercle formé par les disciples dont quelques-uns
tournent franchement le dos au spectateur. Seulement Cavallini fait de la
maison le fond de sa fresque, tandis que Giotto nous montre l'événement
comme ayant lieu à l'intérieur. De plus, Cavallini nous fait voir la Madonne dont l'absence forme une des caractéristiques de la représentation de Giotto mais qu'on ne rencontre que rarement [6].

[1] Bibl. Nat. Lat. 10438 (Rohault. La Vierge I. pl. 54)

[2] Psautier du XIIIᵉ siècle de la Bibl. Nat., pl. 76 de la reproduction.

[3] Une tendence se manifeste déjà dans un ivoire de la Bibl. Barberini reproduit
par Gori, op. cit. III, pl. 6.

[4] Omont, op. cit., pl. 44.

[5] Miniature du 11ᵉ siècle, Bibl. Nat. Lat. 17325. Plus fréquent en Allemagne
(Swarzenski, op. cit., figs. 236, 243, 296. 378).

[6] On la voit dans une miniature du Codex de Rabula à Florence et chez quelques
miniaturistes allemands (Haseloff, op. cit., figs. 18, 43 et 105). Nous voyons la Vierge

Le Jugement Dernier. La fresque où Giotto nous montre le Jugement Dernier n'a que peu de rapports avec les figurations byzantines — représentées en Italie dans la mosaïque de Torcello — ni avec la composition qu'en donnèrent les Pisano ou l'école de Cavallini qui nous en fournit plusieurs exemples, soit dans la fresque Sta. Maria de Donna Regina à Naples, soit dans les panneaux des musées de Venise et de Rome. Les divisions que Giotto fait dans sa grande fresque de Padoue se trouvent dans les miniatures Ottoniennes, où nous voyons en haut une rangée d'anges, puis une rangée d'apôtres, au centre de laquelle se trouve le Sauveur. La fresque de S. Angelo in Formis qui conserve la même disposition ressemble à la fresque de Giotto par la mandorla dans laquelle se trouve le Christ, par l'attitude de ce dernier ainsi que par le fait que les Elus et les Rejettés sont placés en deux rangées superposées, moins nettes, mais encore visibles chez le Florentin. Les différences les plus importantes sont la présence de trois anges très en évidence dans la fresque de S. Angelo et l'absence ici des anges qui portent la mandorla à Padoue.

La mosaïque du Baptistère de Florence a de nouveau d'autres points de contact avec Giotto. Ici ce n'est pas une rangée, mais un groupe d'anges, ayant à leur tête deux qui sonnent des trompettes comme dans la chapelle de Scrovegni. La mosaïque montre également les Elus conduits par un ange et l'Enfer représenté de la même manière que le fit Giotto, la grande figure de Satan est tout-à-fait identique. Dans la Sta. Maria Maggiore de Toscanella — ou Tuscania — un contemporain de Giotto montre comme celui-ci, un cadre de bustes d'anges autour de la mandorla du Christ, les deux plus bas sonnant des trompettes. Les tombeaux d'où sortent les morts sont avant le 14ᵉ siècle généralement représentés comme cercueils tandis que le peintre de Toscanella et Giotto font sortir les res⁻suscités de la terre.

aussi sur une miniature de la Bible de S. Paolo fuori de Rome et quelques autres du 9ᵉ et 11ᵉ siècle, reproduites chez Rohault. La Vierge, pl. 53—57 où la Descente du St. Esprit est de nouveau vue à l'intérieur d'une maison

## V.

## LA VIE DE LA VIERGE.

————

Les scènes de la Vie de la Madonne,. en tant qu'elles ne font pas
partie de l'histoire du Sauveur même, n'ont pas été représentées très fréquemment. Pourtant nous en avons quelques séries importantes parmi
lesquelles il faut citer les mosaïques du 11ᵉ siècle de la Cathédrale de
Kiev, les miniatures des Homélies du moine Jacques dont il a déjà été
question, un icône de Chemokmedie (Georgie)[1], quelques fresques de Mistra
et pour l'Italie une peinture du 13ᵉ siècle au musée de Pise qui montre
au centre la Vierge et l'Enfant, entourés de 12 panneaux de grande valeur artistique.

Il faut remarquer que Giotto et Duccio ont illustré des parties différentes de la vie de la Vierge: le premier a représenté l'histoire de Joachim et Anne et les événements de l'existence de la Mère du Christ
antérieurs à l'Annonciation, passant à partir de ce moment à la vie du Sauveur. Il est vrai qu'à Padoue une main assez peu habile et appartenant va-
guement à l'école de Giotto a ajouté plus tard des fresques montrant la fin
de la vie de la Madonne, mais ce peintre est trop éloigné du maître même
pour qu'on puisse rendre Giotto lui-même responsable de l'iconographie
de ces compositions. Duccio — selon M. Weigelt non sans aides — fit
des panneaux qui mettent sous nos yeux les derniers instants de la Madonne, à partir de l'Annonciation de sa Mort jusqu'à sa Mise au Tombeau — de sorte qu'ici le Florentin et le Siennois ne se rencontrent
jamais, sauf dans la représentation de la Mort de la Vierge dont un panneau au musée de Berlin à dernièrement été attribué à juste titre à
Giotto[2].

[1] Millet, Recherches, fig. 3.
[2] F. M. Perkins, Una tavola smarrita de Giotto Rassegna d'Arte 1914, p. 193 et
243.

**L e s   P r ê t r e s   e x p u l s e n t   J o a c h i m   d u   T e m p l e.** La miniature des Homélies du moine Jacques ainsi que le vitrail du 13ᵉ siècle et la sculpture du 12ᵉ siècle de la Cathédrale de Chartres nous montrent les Prêtres chassant Joachim du Temple en présence de Ste. Anne, mais une certaine ressemblance avec la fresque de Giotto consiste dans le fait qu'il n'y a pas d'autres témoins de sa honte, comme nous le fait voir la peinture de Pise, mais ici comme à Padoue le Prêtre pousse de ses propres mains Joachim vers la porte. De plus il porte, comme les autres prêtres, un petit couvre-chef liturgique d'une forme assez spéciale et qu'on re-trouve chez Giotto. Comme aspect général, la fresque du Florentin res-semble à celle de la Métropole de Mistra [1] où l'architecture et le type du prêtre sont identiques.

**J o a c h i m   c h e z   l e s   b e r g e r s.** L'unique composition de la scène — si rarement représentée — de Joachim se réfugiant auprès des bergers, qui fournit quelque ressemblance avec la fresque de Giotto est la peinture murale du Peribleptos de Mistra [2] où on retrouve le patriarche dans un paysage rocheux et quelque brebis près de lui. Le reste n'offre aucun point de contact, et les compositions qu'en donnent le tableau de Pise, les Homélies du moine Jacques et le vitrail de Chartres (1215—40) sont toutes différentes.

**L'A n n o n c i a t i o n   à   S t e.  A n n e.** Tandis que presque tous les artistes antérieurs avaient montré l'Annonciation à Ste. Anne comme ayant lieu dans un jardin — et cela en accord avec les textes [3] — Giotto la place à l'intérieur d'une chambre, la servante se tenant sous un petit portique, détail assez fréquent dans les images byzantines de l'Annoncia-tion à la Vierge, mais qu'on rencontre aussi dans celle faite à Ste. Anne dans la mosaïque de Daphni. Le primitif de Pise nous montre outre l'Annonciation dans le Jardin la conversation entre la Mère de la Vierge et sa servante qui a lieu dans une chambre, où Ste. Anne est étendue sur une couchette. Est-ce que la fresque de Giotto serait une interpréta-tion déformée de la même scène? Ce n'est pas probable, puisque la tra-dition qui nous montre la sainte en prière dans sa chambre, quand l'ange apparaît, existait en Occident, comme nous le prouve une broderie an-glaise du 14ᵉ siècle [4].

[1] Millet, Monuments de Mistra, pl. 75.

[2] Idem. pl. 126.

[3] Miniatures des Homélies de Jacques, Icone de Chemokmédi, mosaïques d'environ 1200 de Daphni (Millet, Daphni, pl. XIX 1) et de Kahrié Djami 14ᵉ siècle, fresque à la Métropole de Mistra (Millet, Monuments de Mistra, pl. 75), vitrail de Chartres.

[4] Victoria and Albert-Museum (Catalogue of English Ecclesiastical Embroideries of the 13ᵉ to the 16ᵉ century, 1916, pl. 12).

La Prière de Joachim dans le désert. Nous ne connaissons pas des représentations contemporaines ou plus anciennes de la Prière de Joachim.

L'Ange ordonne à Joachim de rentrer chez lui. La composition de Giotto, quand il représente comment Joachim reçut l'ordre de rentrer chez lui, démontre clairement sa dépendance des images plus anciennes. La même attitude de Joachim se retrouve dans la mosaïque de Daphni et l'icone de Chemokmedie, sur cette dernière l'ange apparaît d'une façon tout-à-fait semblable, seulement du côté opposé. Le tableau de Pise et un vitrail de Chartres montrent l'apparition de l'ange comme le fit Giotto; mais la figure de Joachim est ici assez différente. La fresque de Padoue ressemble d'une façon générale assez à celle de la Métropole di Mistra[1] où nous retrouvons également les deux bergers appuyés sur des bâtons et dont l'un porte un chapeau, seulement ici la scène est renversée.

La Rencontre à la Porte d'Or. La tendresse touchante qu'expriment Joachim et Ste. Anne dans la fresque de Giotto qui représente leur Rencontre à la Porte d'Or, n'est qu'une interprétation d'un élément assez ancien que nous voyons à partir de la miniature du 10ᵉ siècle du Ménologue de Basil II[2]. Du groupe que Giotto plaçait près des deux figures principales, nous en trouvons le commencement dans une miniature des Homélies du moine Jacques où nous voyons un seul personnage. Le fresque du Peribleptos et la peinture de Pise y en placent déjà deux.

La Naissance de la Vierge. On retrouve régulièrement dans la Naissance de la Madonne, Ste. Anne assise dans son lit, des femmes lui portant des présents et deux sages-femmes donnant le bain à l'enfant qui vient de naître[3]. Giotto fit une variante assez importante de cette composition en plaçant l'Enfant dans les bras d'une des femmes qui se trouvent derrière le lit, détail assez commun dans les miniatures de l'école de Salzbourg, où d'autre part manque le bain[4]. Il a aussi fait un changement dans la façon dont on apporte les offrandes, puisque outre une

[1] Millet, Monuments de Mistra, pl. 75.

[2] Mosaïque de Kiew, miniatures des Homélies du moine Jacques, Icone byzantin du 12ᵉ siècle, Musée de Berlin nᵒ 1853 (Beschreibung der Bildwerke, pl IV), fresque du Peribleptos (Millet, Monuments de Mistra, pl. 127), tableau du Musée de Pise en sens inverse, la broderie anglaise du 14ᵉ siècle. Un vitrail et une sculpture du 13ᵉ siècle à la cathédrale de Chartres nous montrent la rencontre d'une façon très différente.

[3] Miniature du Monologue de Basil II, Icone de Chemokmédi, mosaïques de Kiew et de Daphni, fresque de la chapelle de St. Jean et du Peribleptos à Mistra (Millet, Monuments de Mistra, figs. 105 et 127), la mosaïque de Cavallini à la Sta. Maria Trastevere de Rome etc. etc.

[4] Swarzenski, op. cit., figs. 194, 238, 294 et 346.

emme derrière le lit nous en voyons une autre qui dehors à l'entrée de
la porte remet ses dons entre les mains d'une servante. Nous ne connaissons pas d'exemples plus anciens de ce détail, bien qu'un icone byzantin
du 12e siècle place la seule femme qui apporte des présents sous un portique devant la porte [1].

La Présentation de la Vierge au Temple. La fresque de
Giotto qui montre la Présentation de la Vierge est différente des autres
compositions du même sujet venues à notre connaissance. Bien que nous
retrouvions des éléments de la peinture de Padoue dans des œuvres antérieures [2], les artistes ont souvent négligé d'y faire figurer les marches
qui jouent partout un rôle si important dans le récit, mais il se pourrait
que quelques-unes des figurations qui passent pour des Présentations, représentent en vérité, la Vierge-Enfant portée pour la première fois au Temple.
On voit les marches dans le panneau du Musée de Pise et plus clairement
dans quelques représentations occidentales [3], mais rien d'autre ne nous y
rappelle Giotto.

Le Mariage de la Vierge. La façon miraculeuse dont St. Joseph
fut désigné comme époux de la Madonne a été représenté par Giotto en
trois moments: la remise des baguettes au prêtre, la prière devant l'autel
où se trouvent les baguettes et le miracle qui montre en St. Joseph l'élu.
L'une des fresques du Peribleptos [4] où l'on rencontre les trois moments
est le seul exemple que nous connaissions d'une figuration du premier,
mais celle-ci ne ressemble en rien à la composition de Giotto. Pour le second, le peintre de Mistra montre un point de contact avec Giotto par
l'attitude du prêtre en prière devant l'autel, mais nous ne voyons pas les
autres figures dans cette peinture. On rencontre le groupe des veufs dans
la miniature qui illustre les Homélies du moine Jacques où les baguettes
sont aussi arrangées d'une façon semblable, mais où toutes les figures
sont debout.

Les textes ne correspondent pas à la version du miracle même par
lequel le mari fut désigné; l'Evangile apogryphe de St. Mathieu raconte
que cela fut uniquement par la floraison de la baguette de Joseph, la Légende Dorée y ajoute qu'en même temps une colombe descendit sur elle

[1] Musée de Berlin.

[2] Miniatures du Monologue de Basil II et des Homélies du moine Jacques, mosa-
ïques de Kiew et de Daphni, l'icone du Musée de Berlin, fresque des Sts. Théodores à
Mistra (Millet, Monuments de Mistra, fig. 88), fresque d'environ 1260 du Baptistère de
Parme.

[3] Vitrail du Mans (Mâle, L'art religieux du 13e siècle en France. Paris 1902, fig.
95). Portail de Ste. Anne à Notre Dame de Paris, la broderie anglaise du 14e siècle.

[4] Millet, Monuments de Mistra. pl. 129

et Giotto — comme le peintre du Peribleptos de Mistra[1] — illustre la seconde version. Il combine cette donnée avec le mariage même, et en cela il va d'accord avec la mosaïque de Kiev. Un fragment de sarcophage au Puy[2] nous montre les mains des deux mariés unies dans celle du prêtre et nous retrouvons ce même détail dans une sculpture de Notre-Dame de Paris et chez Giotto qui a encore en commun avec le dernier monument, l'aspect général de la Vierge et la présence de ses parents.

L a  V i e r g e  r e n t r a n t  à  l a  m a i s o n. Est-ce que Giotto représente la Vierge rentrant chez ses parents, comme nous le dit la Légende Dorée, ou bien va-t-elle à la maison de son mari? Les sept compagnes dont nous parle le texte de la Légende et qu'on retrouve sur la fresque de Padoue nous font plutôt penser que c'est le premier de ces événements que le peintre voulait mettre sous nos yeux. Nous en avons un autre exemple parmi les sculptures du 12e siècle à Chartres, tandis que la Vierge allant à la maison de St. Joseph est représentée dans une miniature des Homélies du moine Jacques et sur une fresque du Peribleptos[3]. Mais aucune de ces œuvres ne ressemble en quoique cela soit à la fresque de Giotto que les professeurs Venturi et Thode appellent «Procession Nuptiale». Il est vrai qu'une des deux figures qui marchent devant la Vierge ressemble assez au St. Joseph des scènes précédentes, seulement la maison vers laquelle s'achemine le cortège paraît être la même que celle où avait lieu l'Annonciation qui — selon la Légende Dorée — précédait le moment où la future Mère du Seigneur se rendait à la demeure de son époux.

Avec cette fresque se termine la série de celles que Giotto consacra à la Vie de la Madonne avant l'Annonciation et nous passons maintenant aux panneaux de Duccio qui illustrent ses derniers moments.

L ' A n g e  a n n o n ç a n t  l a  M o r t  à  l a  M a d o n n e. Les représentations — peu nombreuses du reste — de l'Annonciation de la Mort de la Madonne, ne diffèrent généralement que peu des images de l'Annonciation qui précédait la Nativité du Christ, seulement, d'accord avec le texte, l'ange dans la première tient en main une branche de palmier[4]. Les œuvres d'art venues à notre connaissance représentant l'Annonciation de

---

[1] Millet, Monuments de Mistra, pl. 130.
[2] Rohault, La Vierge I, pl. 6.
[3] Millet, Monuments de Mistra, pl. 128.
[4] Ce peu de différence entre les deux types iconographiques a été parfois cause d'erreurs par ex. une miniature allemande du 13e siècle de la collection de Lord Leicester est décrite comme «l'Annonciation», tandis que c'est «l'Annonciation de la Mort de la Vierge». L. Doriez, Les manuscrits à peintures de la bibliothèque de Lord Leicester. Paris 1908, pl. 20.

la Mort de la Vierge, ne ressemblent que peu au panneau du Siennois qui différencie seulement cette scène de l'autre Annonciation par les attitudes des deux figures principales.

Les Apôtres arrivent à la maison de la Vierge. De la façon miraculeuse dont les apôtres ont été amenés de différents endroits pour assister aux derniers instants de la Vie de la Madonne, nous n'en connaissons pas de représentations antérieures ou contemporaines à Duccio.

L'Adieu des Apôtres. La ligne générale de la composition de Duccio, quand il nous montre les apôtres autour du lit de la Vierge pour lui dire un dernier adieu, n'est pas sans ressemblance avec quelques sculptures françaises du 13e siècle [1]. Il y a aussi quelques points de communs entre ce panneau et la fresque que Cimabue en fit dans l'abside de l'église supérieure de St. François. Une peinture murale à la Brontochion de Mistra prouve que la conception du Siennois n'a rien de commun avec celle qu'on rencontre à Byzance, où cet événement ressemble assez à l'Assomption.

La Mort de la Vierge [2]. Les éléments principaux de la peinture de Duccio qui nous met sous les yeux la Mort de la Vierge sont bien connus dans l'art byzantin et italien où nous trouvons très régulièrement les apôtres groupés autour de la couche de la Madonne et le Seigneur derrière ce lit tenant dans les bras une petite figure qui symbolise l'âme de sa Mère [3]. Duccio a fait quelques changements dans cette com-

[1] Celle de Laon et de Mouzon (Vitry et Brière, Documents de sculpture française du Moyen-âge. Paris s. d. pls. 52 [5] et 77 [3]).

[2] O. Sinding, Mariae Tod und Himmelfahrt. Christiania 1903. Grossi Gondi, La Dormitio B. Mariae. Rome 1912.

[3] Citons quelques exemples: Ivoire byzantin du 11e siècle, Victoria and Albert-Museum (Griggs, Portefolio of Ivories n° IX), miniature de Mont Athos (Schlumberger, op. cit. I, p. 441), ivoire byzantin du 11e siècle (idem. I, p. 663), sculpture en bois à Mont Athos (idem. III, p. 665), stéatite à Vatopedi (idem. III, p. 525), mosaïques à Daphni et à la Martorana de Palerme, petite mosaïque à l'Opéra del Duomo de Florence, miniature byzantine du 12e siècle, British Museum (Brit. Mus. Reproductions I, pl. 3) fresques à St. Paul du Mont Athos et aux Brontochion, Sts. Théodores et Peribleptos de Mistra (Millet, Monuments de Mistra, pls. 90, 101 et 116), portes de Pise et S. Paolo fuori, miniature du 11e siècle de Montecassino (Munnoz, L'Art byzantin à l'Exposition de Grottaferrata Rome, fig. 62), sculpture en bois du 13e siècle à Allatri, fresque de Cimabue dans l'église supérieure de St. François, mosaïque de Cavallini Sta. Maria Maggiore Rome, polyptyque de Ste. Claire à Trieste, autres exemples donnés par Rohault, La Vierge I, pls. 59, 64, II. pl. 147. Le même principe fut suivi en Allemagne, mais ici on ne voit que le buste de la Vierge et quelques apôtres (Vöge, op. cit., p. 235. Swarzenski, op. cit., figs. 222, 227, 237. 240. Aussi Swarzenski, Regensburger Buchmalerei etc. Leipzig 1901, fig. 90. Rohault, La Messe, pl. 347. Gori III, pl. 41). On connut ce modèle également en France, miniature du 12e siècle Bibl. Nat Lat. 12056, fol. 214 v° sans apôtres, sculpture du 13e siècle à Chartres (Vitry et Brière, op. cit., pl. 41 [2]) mais plus fréquemment la composition fut différente, par ex. Bibl. Nat. Lat, 17325, Lat. 833, fol. 213, Lat. 11 700, fol. 66.

position traditionelle en plaçant presque tous les apôtres du même côté et le Christ tient la petite figure d'une façon différente. Mais ces variantes ne séparent pas l'artiste de la vieille tradition. Le grand nombre d'anges qu'il place derrière le Sauveur est un détail emprunté aux compositions byzantines.

Depuis peu d'années le musée de Berlin possède un superbe «Mort de la Vierge» par Giotto et au musée de Condé à Chantilly un panneau de son école lui est parfois attribué. La caractéristique de ces deux représentations, qui dans leurs lignes générales se joignent entièrement à la tradition byzantine, est que dans la première un seul, dans la deuxième deux des disciples se trouvent de ce côté-ci de la bière sur laquelle la Vierge est couchée, détail très rare mais pas tout-à-fait inconnu dans les représentations byzantines, puisque deux figures se trouvent au même endroit dans une miniature de l'Ambroisienne de Milan, travail peut-être de l'Italie méridionale datant du 11e siècle[1]. Seulement ici ce sont les figures, appartenant à l'épisode légendaire qui relate comment un incrédule eut les mains coupées, lorsqu'il osa toucher la bière de la Madonne, élément plus souvent représenté à l'Enterrement. Il se pourrait que les disciples que Giotto et son élève y montrent soient une transformation de ce thème. Le geste que fait, dans le panneau de Berlin, le disciple barbu qui l'entoure de ses bras est également emprunté aux représentations byzantines[2].

Les Funérailles de la Vierge. La même légende qui nous dit comment les mains des incrédules tombaient relate que ces incrédules furent guéris peu après d'une façon tout aussi miraculeuse. Duccio représente cet événement qui avait été illustré par des sculpteurs français sur l'église de St. Ouen à Rouen et dans un des charmants reliefs de Notre-Dame de Paris, ce dernier montrant quelque ressemblance avec la composition de notre peintre. Un autre passage de la même légende mentionne comment St. Jean marchait devant le petit cortège tenant la branche de palmier que l'ange avait apportée. Duccio ne l'omet pas et un vitrail à Angers correspond ici avec son panneau[3]. La façon dont les apôtres tiennent la bière par les pieds et dont le dernier d'entre eux se retourne sont des points de contact entre le panneau siennois et la fresque du Brontochion de Mistra[4] qui autrement ne se ressemblent pas.

La Mise au Tombeau de la Vierge. Comme le remarque M.

[1] Munoz, op. cit., fig. 61.

[2] Par ex. les mosaïques de la Martorana et de l'Opéra du Dôme de Florence.

[3] Mâle, op. cit., p. 291.

[4] Millet, Monuments de Mistra. pl. 102.

Mâle, il n'y a que peu de différence entre les représentations de la Mise
au Tombeau de la Vierge par les apôtres et les œuvres qui nous montrent
sa Résurrection où son cercueil est entouré d'anges, qui soulèvent le corps
de la Madonne. Des sculptures du 12ᶜ siècle à la Sta. Maria de Vezzolano
représentant les deux moments[1], nous montrent cette légère différence:
dans la première scène, le groupe est plus nombreux et les figures se
courbent davantage sur le cercueil. Le panneau de Duccio ressemble
assez à la première de ces sculptures. Mais n'est pas très différent non
plus d'une autre — celle-ci française — à Longpont[2]. La fresque de
Brontochion à Mistra[3] est différente ainsi que plusieures miniatures françaises où l'action des apôtres est déjà finie, mais où ils se trouvent encore
derrière le sarcophage[4].

[1] Venturi, op. cit. III, fig. 73—74.
[2] Vitry et Brière, op. cit., pl. 252 2.
[3] Millet, Monuments de Mistra, pl. 102.
[4] Miniature du 12ᶜ siècle. Bibl. Nat. Lat. 17325, miniature du 13ᶜ siècle. Bibl.
Nat. Lat. 11535, 2ᶜ vol. Psautier de St. Louis et de Blanche de Castille, pl. XXXV de
la reproduction.

# VI.

## CONCLUSION.

———

Tout en tenant compte du fait que, dans cette étude, nous ne nous servons même pas de tous les matériaux qui soient venus jusqu'à nous, et que certainement un nombre plus considérable encore d'œuvres d'art a disparu, nous ne croyons pas être trop téméraires en tâchant de tirer quelques conclusions des différences ou des ressemblances que nous avons observées entre les représentations de Giotto et de Duccio d'une part, et de leurs prédécesseurs byzantins, italiens et occidentaux de l'autre. Nous nous posons donc à présent d'abord la question si Giotto, dont l'art a un aspect tellement nouveau, s'était libéré des vieilles traditions aussi en ce qui concerne son iconographie et si Duccio, dont les représentations nous rappellent toujours les artistes byzantins, suivait docilement leur exemple dans la composition de ces scènes.

Nous pouvons répondre à ces questions d'une façon générale en disant que l'un et l'autre se ressentent beaucoup des types byzantins qui depuis des siècles étaient déjà fixés en Italie. Quant à Giotto il suivait clairement les lignes générales des modèles italo-byzantins, quand il représente : le Seigneur enseignant à l'âge de 12 ans, la Résurrection de Lazare, la Madeleine oignant les pieds du Christ, l'Entrée à Jérusalem, le Lavement des pieds, le Baiser de Judas et le Calvaire. Pour un certain nombre de ses peintures nous n'avons pas réussi à fixer la représentation italienne qui établirait le contact entre Giotto et le type byzantin, bien que celle-ci ait sans doute existé. Ceci est surtout le cas pour les scènes de la Vie de la Vierge, comme: Joachim chez les bergers, l'Annonciation à Ste. Anne, l'ange donnant l'ordre à Joachim de rentrer, la Rencontre à la Porte d'or, mais aussi le moment où le Sauveur chasse les marchands du temple, et plus encore pour les détails de la composition, tels que la servante qui assiste

à la Visitation, la forme de l'autel à la Présentation au Temple, la ville
comme but de voyage dans la Fuite en Egypte et des éléments d'une importance semblable dans les fresques qui représentent le Baptême, la Cène,
le Pacte de Judas, la Descente du Saint Esprit, la Naissance de la Vierge,
son Mariage etc.

Nous avons constaté quelques cas où des particularités de la figuration semblent être d'origine occidentale, comme la forme de l'abri où la
Nativité a lieu, l'attitude des Rois Mages, le groupe des serviteurs et leurs
montures. Que le Sauveur soit assis à califourchon sur l'âne à l'Entrée à
Jérusalem et la présence de l'ânon ici, la table rectangulaire à la Cène où
les convives occupent les quatre côtés, le Christ agenouillé, quand il lave
les pieds des apôtres, la présence du Diable au Pacte de Judas, la Madeleine aux pieds de la Croix, l'aspect de l'Ascension et la façon dont le
prêtre unit les mains de la Vierge et celles de Joseph sont tous des traits
d'origine de l'Europe centrale ou occidentale, bien que quelquefois des
exemples italiens antérieurs à Giotto existent.

Nous avons également trouvé des compositions qui dans leurs ensembles
sont dues à l'invention des prédécesseurs italiens de Giotto. On peut citer
comme telles la Fuite en Egypte, le Massacre des Innocents, les Noces de
Cana, le Christ devant Caïphe (où le Florentin suit leur exemple, en com-
binant deux éléments de scènes différentes), la Pietà et le Jugement Dernier. Par contre dans d'autres figurations, des détails seuls proviennent
de la même origine comme les compagnes à la Visitation, la tendresse
maternelle de la Vierge à la Nativité, la Madonne et le prêtre Simon tenant l'Enfant simultanément à la Présentation, les soldats partageant les
vêtements à la Crucifixion et des particularités pareilles dans les scènes
des Marchands chassés du Temple, la Cène, le Couronnement d'épines, le
Calvaire, l'Ascension, la Descente du St. Esprit, Joachim expulsé du Temple
et la Rencontre à la Porte d'or. Dans quatre cas la ressemblance avec
des sculptures des Pisano est frappante[1]; dans quatre autres la composi-
sition a des rapports remarquables avec des œuvres de Cavallini[2].

Quelles sont les scènes qui nous restent dont l'aspect général peut
être attribué à l'invention du maître lui-même? l'Annonciation — où
pourtant l'attitude des deux figures agenouillées pourrait être le résultat
d'un manque de place — la Cène et le Pacte de Judas.

Nous n'avons pas pu établir l'existence de compositions antérieures
très ressemblantes à celles de Giotto pour la Nativité de la Vierge, sa

---

[1] Adoration, Présentation, Massacre des Innocents, le Christ devant Caïphe.
[2] Calomnie, Pieta, Ascension, Descente du St. Esprit.

Présentation au Temple et son Cortège Nuptial bien que nous trouvions
des éléments de ces fresques dans des représentations plus anciennes.
D'autre part pour la Vie de la Vierge la tradition iconographique, sauf
quelques scènes, n'était pas aussi bien établie — surtout en Italie — que
celle concernant la Vie du Christ. Il se pourrait donc que l'artiste eût été
forcé ici d'inventer quelques figurations, ou peut-être les exemples —
certainement peu nombreux — de ces images, n'existent-ils plus.

Le désir d'originalité dans la composition ne semble pas avoir existé
chez Giotto. Dans ses scènes de la Vie de St. François il répétait souvent
des détails des peintures du 13e siècle, comme nous pouvons le constater en faisant la comparaison de la série de l'église inférieure de St. François — que nous attribuons au «Maître de St. François» — avec la série
probablement de Giotto à l'église supérieure ou à celle de la Sta. Croce
de Florence [1] et bien des points de contact avec d'autres peintures pourraient être mentionnés, mais nous nous en abstenons, pour ne pas pro-
longer cette étude outre mesure.

Si nous reprenons les mêmes questions par rapport à Duccio, nous
voyons que chez lui aussi on rencontre souvent des types iconographiques
que des prédécesseurs italiens semblent avoir adoptés de Byzance, comme
la Nativité, Jésus enseignant au Temple à l'âge de 12 ans, le Sauveur
appelant Simon et André, la Résurrection de Lazare, la Transfiguration, la
Prière dans le jardin des Oliviers, le Calvaire, les saintes Femmes au se-
pulcre vide, la Descente aux Limbes et la Mort de la Vierge. Il y a encore d'autres représentations où l'aspect général de la peinture de Duccio
ressemble aux images italo-byzantines, mais où le Siennois a modifié quelques détails: ce sont l'Entrée à Jérusalem, le Lavement des pieds et le
doute de Thomas. Des éléments de moindre importance transmis par des
artistes italiens de Byzance à Duccio se trouvent dans les scènes de la
Samaritaine, la Guérison de l'Aveugle, le Baiser de Judas, les soldats se
moquant du Seigneur, le Renoncement de St. Pierre et les Pèlerins
d'Emaüs. Quant aux compositions où Duccio suivait les exemples by-

[1] Les lignes générales de la brouille de St. François avec son père, le Pape
ayant la vision du saint soutenant l'église où le pontif est couché avec sa tiare sur la
tête, le sermon aux oiseaux qui a lieu sous l'arbre avec le moine qui suit, St. François recevant les stigmates et le saint sur son lit de mort entouré de moines semblent
avoir été suivies par Giotto. Bien qu'il n'ait probablement pas été l'auteur de la
fresque représentant ce dernier événement je pense qu'on peut le tenir responsabie
de la composition. Les panneaux du 13e siècle montrant des épisodes de la vie du saint.
offrent des compositions différentes, sauf celle du moment des stigmates qui est souvent conçue de la même façon (Pistoie, Pescia, S. Croce Florence). Le panneau de
l'école de Giotto au Louvre représentant St. François recevant les stigmates et trois
scènes dans la prédelle montre la même iconographie.

zantins dont nous n'avons pas pu indiquer l'image italienne intermédiaire, elles se réduisent à un seul cas: la Mise au Tombeau. Mais il y a un certain nombre de détails dont nous ne connaissons que des antécédents byzantins ou orientaux, comme, l'attitude exprimant le mouvement de l'ange à l'Annonciation ou du Sauveur à la Résurrection de Lazare, la présence des Conseillers au Massacre des Innocents, des détails d'Architecture à l'Entrée de Jérusalem, la place de Judas à la Cène, la fuite des apôtres quand le Christ est arrêté, et des éléments semblables dans le Couronnement d'Epines, la Crucifixion, l'Apparition dans la Salle avec la porte fermée, et les Funérailles de la Vierge. Sont d'origine occidentale, mais déjà recueillies par des Italiens avant Duccio, les compositions du Christ devant Caïphe, la Mise au Tombeau de la Vierge, et des particularités de la Présentation, l'Adoration des Mages, la Guérison de l'Aveugle, la Cène et l'Adieu des Apôtres à la Vierge. Il nous manque les représentations italiennes qui formeraient le lien entre l'Occident et Duccio pour l'aspect général des Funérailles de la Madonne et des détails comme la Vierge debout et tenant un livre à l'Annonciation, le Christ monté à califourchon, et à la présence de l'ânon à l'Entrée à Jérusalem, le Sauveur agenouillé en lavant les pieds des apôtres, Pilate debout en se lavant les mains.

Les prédécesseurs italiens et Duccio semblent avoir été les premiers à représenter le type suivi par le Siennois dans les Noces de Cana, le Couronnement' d'Epines, la Crucifixion et la Descente de Croix; il les imita également en admettant la présence de quelques personnages à la Fuite en Egypte et en montrant une des sœurs de Lazare debout pendant le miracle de la Résurrection. Il paraît avoir copié quelques figures de disciples de la Prière au Jardin des Oliviers et reproduit également des éléments purement italiens dans ses panneaux de la Tentation et de l'Apparition sur la Montagne. Quatre de ses figurations ressemblent d'une façon frappante à celles des Pisano[1], deux à celles de Cimabue[2], deux au polyptyque de Triest[3] et une seule à Cavallini[4].

Enfin on peut revendiquer comme dû à l'originalité de Duccio — sauf quelques particularités déjà mentionnées: le type ou l'aspect général de la Tentation, la Samaritaine, la Cène, le Sermon après la Cène, le Pacte de Judas et l'Annonciation de la Mort de la Vierge. En outre, l'artiste a fait

[1] L'Adoration des Mages, le Massacre des Innocents, les soldats se moquant du Christ, la Crucifixion.
[2] La Crucifixion et l'Adieu des disciples à la Vierge.
[3] L'Annonciation et la Tentation.
[4] Le Couronnement d'épines.

des changements plus ou moins importants dans les scènes qui représentent
la Prière au Jardin des Oliviers, la Crucifixion et la Mort de la Vierge,
changements qui semblent surtout provenir d'un désir d'arriver à des
effets plus artistiques que ne les produisirent ses prédécesseurs.

Nos recherches ont donc pour résultat la constatation que, bien
qu'ils dépendent tous les deux en grande partie de types iconographiques
déjà existants, Duccio manifeste plus d'indépendance dans ses compositions
que Giotto. Pourtant, il n'y a pas de doute qu'en apparence le Siennois
nous rappelle bien davantage les peintures byzantines. Comment expliquer
cette curieuse contradiction?

Nous attribuons les rapports entre Duccio et l'art de l'Orient chrétien
à l'esprit de l'œuvre du maître Siennois qui est celui des miniaturistes
byzantins. Duccio avait sans doute eu des manuscrits grecs sous les yeux,
puisque ses peintures se rapprochent infiniment plus de l'art raffiné de
Byzance que des produits — généralement assez rudes — du Duecento
italien. Mais il ne fut pas seul à Sienne à connaître ces miniatures im-
portées de l'Est, puisqu'avant lui il s'était déjà formé une petite école
qui s'écartait du style peu soigné italo-byzantin et se rapprochait davantage des miniatures grecques. Les «paliotti» de St. Pierre et de St. Jean
avec des scènes de leurs légendes à l'Accademia de Sienne en fournissent
des exemples d'une génération antérieure à Duccio et pour cette raison
on peut expliquer l'art de Duccio comme résultat d'un courant existant.

L'Esprit du miniaturiste byzantin fut avant tout celui d'un décora-
teur; sa mission celle de rendre le manuscrit attrayant en y ajoutant un
nombre — presque toujours considérable — de miniatures qui poursuivait
bien plutôt le but d'orner le manuscrit que d'aider le lecteur à se figurer
l'événement, relaté dans le texte de la même page. On ne leur demandait
donc pas de se pénétrer profondément de ce qu'ils représentaient et c'est
pour cela que la valeur narative de leurs images est généralement très
limitée. Duccio en cela va d'accord avec ces miniaturistes; ses panneaux
sont toujours beaux, fins et d'un grand effet décoratif, mais sans sentiment profond et en somme quelque peu monotones. Comme un miniaturiste illustrant un Évangile, il veut surtout être complet. On dirait qu'il
avait un manuscrit grec sous les yeux et n'en passait qu'aussi peu de
miniatures que possible. Son génie se manifeste pourtant dans un groupement meilleur, une expression d'espace et de perspective très supérieure
à aucun des peintres plus anciens et un sens esthétique très développé.
Mais il est byzantin dans son manque de sentiment dramatique; il adopte
de l'Orient les vêtements tissés d'or, certaines attitudes — surtout celles
de figures en mouvement — et le type du Christ qui est identique à

celui que nous trouvons dans les miniatures grecques du 9<sup>e</sup> siècle du St. Grégoire de Nazianze de la Bibliothèque Nationale. D'autres points de contact avec Byzance — aussi ceux concernant la technique de la peinture — ont été remarqués par M. de Gruneisen dans l'article mentionnée au debut de cette étude. Mais il s'agit de bien faire la part entre ces apparences byzantines et les progrès que la peinture italienne doit à l'art du maître même et dont l'honneur revient à l'Italie.

Le courant artistique auquel appartient Giotto est bien différent, c'est celui du réalisme naratif qui avait son commencement au 9<sup>e</sup> siècle à Rome et dont nous suivons la filiation dans l'église inférieure de S. Clemente, Sta. Maria in Via Lata puis à S. Urbano all Cafarello, dans le portique de S. Lorenzo fuori etc. Le but principal pour les artistes de cette école était de faire comprendre l'histoire qu'ils représentent, le côté artistique est pour eux de moindre importance. Pour cela leurs images sont toujours synthétiques; expressions et mouvements doivent servir à une naration aussi claire que possible mais ils n'éprouvaient aucun besoin d'apporter des changements dans les vieilles traditions iconographiques. Fidèle à ce courant Giotto sacrifie souvent la valeur pittoresque de ses fresques à leur clarté et ce ne sont que ses yeux si ouverts à la réalité des choses qui font que ses perspectives ne nous choquent que rarement, bien qu'elles ne soient jamais correctes. Tout ce qui n'a pas une importance primordiale pour la compréhension de son récit est un peu négligé, comme nous le voyons par ses fonds et entourages de l'action qui souvent consistent uniquement en une seule construction ou un accessoire qui figure dans l'épisode que le peintre veut nous faire connaître. C'est pour cela que Giotto éprouvait bien moins que Duccio le besoin de se séparer des types iconographiques traditionnels auxquels il n'ajoute que son admirable réalisme.

Pour Duccio par contre, le but principal semble avoir été la création de belles peintures, et il ne se tenait pas fidèlement aux vieilles images, si celle-ci ne satisfaisaient pas son sens artistique.

Néanmoins ni Giotto, ni Duccio n'ont créé une iconographie personnelle, ils ne firent que quelques variantes sur des types existants, et les Pisano, Cavallini, Cimabue et Taddeo Gaddi se sont montrés bien plus indépendants dans leurs compositions.

9 782019 323202